仕事の「言葉上手」になる99の秘訣

坂川山輝夫 著

まえがき

「殺し文句」という言葉がある。不穏な表現だが、実際はお世辞や相手を嬉しがらせる言葉で、男女の間に使われることが多いため、むしろ「殺し文句」とは粋な言葉の代名詞になっている。

ところが、上役や先輩が、ビジネス社会で部下や後輩に使う「殺し文句」は、なんと不粋なものが多いことか。一発で相手を叩きのめしたり、生涯拭い去ることのできないダメージを与えていくものが多い。その結果、相手ばかりでなく、その周辺の人たちにもユーウツなムードを与えていく。

私たちは通常、互いに日常のコミュニケーションをすることで、情報の交換、意思の疎通、感情の交流をはかり、与えられた任務に邁進している。こういうコミュニケーションの円滑な流れは、相手ばかりでなく職域全体にプラス効果を与えていく。だが、本書で取りあげた数々の言葉はマイナス効果しか生産しない。

「そんなつもりで言ったのではない」「冗談だよ、冗談」「そのように解釈するなど心外だな」と釈明しても、あとの祭りである。なかには「オレの言ったことがそんなにショックだったなど、気の小さなヤツだな」と嘯（うそぶ）く人もいるが、そういう御仁こそ〝気が小さく心が狭いから、相手がどのように受け取るかに心をくばらずに、暴言を吐いたり、相手を罵倒するのではないか。

本書の構成は誰もが口にしがちな〝マイナスの言い方〟を99の項目にしぼって見出しに掲げた。そしてそれぞれの見開きページの最後に、ではどう言えばいいのかというサンプルを示した。サンプルどおりに使ってもよいが、読者の立場や置かれた人間関係の様相によっては、変幻自在に活用したり、新しい言い方を生み出すヒントにしていただいてよい。「部長のあの一言は味があるね」「さっきの課長のコトバ、さすがに苦労人だけのことはあるなァ」「次長の言ったこと、嬉しかったな」などという評価を得てほしいものである。

先に本書は昭和44年、日本法令から『部下をクサらせる上役の一言』というタイトルで出版され、数多くの読者に読まれ、たびたび版を重ねてきた。次にごま書房から内容構成を変えて刊行された。さらに成美文庫として成美堂出版から発行された。今回、太陽出版からの強いお勧めで、これを機に全編にわたって内容を検討し、日ごろの〝マイナスの口ぐせ99〟を、〝プラスの一言〟に転換し活用していくための極めて大切なポイントとして世に問うことにした。人を使って仕事をする立場の方々へのヘッドシップおよびリーダーシップの一助になることを期待したい。

平成27年1月

坂川(さかがわ)山輝夫(さきお)

目次

第3章　ここで大差がつく！　人を動かす「依頼」と「指示」のルール……71

第4章　人間関係が一変する「ほめ方」「叱り方」の技術……103

第6章 「会議」「根回し」で言ってはならないこと、言うべきこと …… 163

第7章　あなたの「器量」はこんな一言にあらわれる！……193

第1章

「気のきいた一言」で仕事は何倍もやりやすくなる!

たとえば

誘い出してホンネを聞く時

×ごちそうしてやろう　→○新しい店だ、一人じゃ心細くてな

✕君が言いたいのは、こういうことだろう

要領を得ない報告、連絡や会議でのしどろもどろ発言を聞かされていると、誰でも貧乏ゆすりを始めたり、それとなく腕時計に視線を走らせたりするようになるものだ。これはイライラしはじめたぞ、という証拠なのだが、当の発言者はこの〝合図〟に気づかず、相変わらず行きつ戻りつしながら長々としゃべり続ける。つい我慢しきれなくなって飛び出すのが、「君が言いたいことは、こういうことなんだろう」というセリフだ。

この〝我慢の時間〟は、シャープな頭脳、切れる男と自他ともに認めている人間ほど短い。自分は頭がいい、できると自負しているだけに、相手のグズグズ、モタモタが許せず、相手の結論を先取りしてしまうのだ。

しかし、こうした先回り反応は、相手に考える努力を失わせる原因になりやすい。スポーツの世界でよく、「名選手かならずしも名コーチならず」といわれるが、自分の力を尺度に選手を評価し、自分の結論を押しつけようとすれば、選手は自分で考えることを放棄し、コーチの言いなりになる。その結果、選手の個性は失われ、持っていたはずのせっかくの伸びる芽が摘

まれてしまう。

その点、名コーチや有能なビジネスマンは、我慢の時間が長い。「うん、それで？　なるほど……ほう、それはいいね」といった具合に、相手のグズグズ、モタモタを巧みにリードして、彼ら彼女ら自身の頭で考えさせている。これはかなり忍耐のいることだが、組織で仕事をする上では、それくらいの我慢は必要不可欠の条件だ。

相手は、決して好きこのんでモタついた発言や報告、連絡をしているのではないだろう。切れ者と評判の人を前に、発言が慎重になっているのかもしれない。緊張で考えがまとまらない場合もある。あるいは、直接ズバリと言うと誰かを傷つける内容のために、わざと遠回しの表現を使っているのかもしれない。

この機微をわきまえないと、物事を深く考えない人間、気を配ることをしない短絡的な人間を、知らずしらずに養成していることになる。のろい話をスピードアップさせて仕事をやりやすくするには、相手の頭を働かせる話し方をするべきなのだ。

誘導を心がけよ

○なるほど……ほう！　それで？
○そんなに緊張しないで、ゆっくりしゃべりたまえ

多くの情報を得たい時

×結論を先に言ってくれ、結論を

社会学や心理学の専門家によると、子どもたちによるいろいろな事件の原因の多くは、親や教師とのコミュニケーションの欠如にあるという。言葉は、人間同士が意思の疎通をはかる最大の道具だ。これが十分に機能しないと、相手が何を考えているか分からなくなり、思考や人間関係がきわめて狭く限定されてしまう。いじめや暴力、中高生売春などは、それが高じた結果といえるわけだ。

職場での人間関係についても同様である。言葉が有効に働かなければ、コミュニケーションがままならず、仕事も円滑に運ばなくなる。

いわゆる〝切れ者〟とされるビジネスマンには、何にせよ、まっ先に〝結論〟を要求する人が多い。少しでも手間どると、即座に「結論を先に言え」「要するに何なんですか!」という言葉が飛んでくるから、相手は内心ムッとしているはずだ。多くの人間から多種多様な情報を聞かねばならぬ切れ者ビジネスマンとしては、いつまでも一人だけに関わっている暇も時間もないという事情はあるだろう。

しかし、のべつまくなしに結論、結論では、相手の判断力を停止させてしまい、報告に齟齬をきたす恐れがある。言うべきことが混乱する程度なら、まだ軽傷の部類だ。結論を急ぐあまり、推測でしかないものを、事実として伝えるケースも出てくる。さらに、その人間の前に立つと〝表現ノイローゼ〟を起こし、常に怒りや不満が鬱積してしまうという、極端なケースさえ考えられるのだ。こうなっては、あなたは組織から浮いた鼻つまみ者である。

本当に仕事ができるビジネスマンには、要領を得ない言い方にも、とことん付き合ってやろうという〝ゆとり〟がある。手順の悪さや内容の不備を指摘するのは、すべてを聞いてからでも遅くはないのだ。言葉を選んで指摘してやれば、相手は自分でどうすればよいかを当然考える。そうすれば、以後、一足飛びとはいかないまでも、徐々に核心から報告するようになるはずだ。

情報を早く多く得たい時ほど、いたずらに相手をせかさない。これが話し上手のやり方なのである。

せかさずに不備を指摘せよ

○細部の説明はポイントをしぼってくれたまえ
○君が最も重要と思っている点は何だ

✕能力じゃない、努力だよ

どんな世界でも、才能と努力のどちらが大きな業績に結びつくかが話題になる。エジソンの有名な「99パーセントが汗（努力）、あとの1パーセントがひらめき（才能）」という言葉や、「8割が運で、2割が努力」だといった経営者の言葉など、才能や能力は成功のほんの一部分にしか貢献していないという結論が多い。

これらの言葉は、たしかに深い真実を含んでいるのだろうが、だからといって、額面どおりに受け取るのは、あまりにも単純すぎる。

つまり、世界の聖賢偉傑が声を大にして、才能の役割がそう大きくないことを強調しなくてはならないほど、現実世界では、生まれながらの能力が、やはり幅をきかせていると考えなければならないだろう。勘ぐって考えれば、成功者たちは、いずれもたぐいまれな能力の持ち主だったわけだ。

だからこそ、世の多くの人に、能力がすべてだという絶望的な真理をあからさまにしないよう配慮したと考えられなくもない。「いや、私は血のにじむような努力で今日の成功を勝ち得たのだ」と主張する人も、実はそれだけの努力に耐えられる高い能力、〝努力できる能力〟を備えていたと言えなくはない。

したがって、一般人は、「能力じゃない、努力だ。努力が君のすべてを決めるのだ」と言われても、あまり実感がわかないのが現実だろう。小さな企業社会の中でも、この原理は無視できない。いわゆる能力ある者のレベルですべてを考え、ついていけない者には、「能力じゃない、努力でこの水準までは来られるのだ」と叱咤激励することがある。激励に応えられる人間ならそれでやる気を起こし、成長することができるだろう。しかし、激励水準の設定が高すぎると、大部分の人間が、努力してもたどりつけないことになってしまうこともあり得る。

くり返し「能力じゃない、努力だ」と叫ばれれば叫ばれるほど、相手は自分の能力を見限られているのではないかと感じ、努力によっても、その水準に到達できない不安にさらされる。人は「自分は能力がないから」というセリフを、謙遜や正当化で言っているのではなく、実はそれを否定してほしくて言っていることを知っておきたい。

能力を認めてやれ

○君は能力がないんじゃない。まだあらわれていないだけなんだ
○もし能力が不足しているとすれば、「自分の能力に気づく能力」が不足しているね

✕早く戦力になってくれ

どこの国の軍隊でも、新兵は例外なく厳しい訓練を課せられる。もちろん早く一人前の兵士に育てるためなのだが、この〝一人前〟に対する考え方がなかなかおもしろい。

軍隊で一人前の戦力といえば、自分で自分を守れることにほかならない。戦場で一人歩きできないような兵は、戦友の足を引っぱり、ひいては全軍の行動そのものに支障をきたす存在となる。したがって新兵の訓練も、戦争のノウハウと、極限状態での個人の生命維持法がイコールになっているわけだ。このことは、グアム島やルバング島で戦後数十年を経て発見された、旧日本軍兵士の例を見ても明らかである。

軍隊では、いちいち上官が「早く一人前になれ」などとは言わず、徹底して体で覚えさせる。組織がしばしば軍隊に擬せられる会社も、新人については軍隊ほど厳しくはないにしても、ほぼ同様な鍛え方をする。

初めて会社に出社して右も左もわからない新入社員に、上司・先輩はごく簡単な仕事を与えて様子を見るわけだ。そして徐々に、むずかしい課題へと進んでいく。こうして新人の能力を早く伸ばすことは、軍隊と同様に会社のためであり、本人のためであるのはいうまでもない。

ところが、仕事は戦争と違って生死を賭ける性格のものではないから、どうしても甘さが出てしまう人間もいる。そこで先輩・上司としては、期待もこめて「早く戦力になってくれよ」と声をかけるのだが、相手によっては、せっかくの〝期待〟を、上からの〝不信〟の表明と考える者もいるのだ。

新入社員はとかくデリケートで、わずかな言葉にも敏感に反応する。仕事を任せる時は、こうした細かいところにまで配慮することが必要となる。その際、彼らは実務の経験がないから、自分のアルバイト経験や想像で描いた仕事観で、得てして次のような言葉を口にすることが少なくない。

「この程度のことくらい……」「そこまでは知らなかった（気がつかなかった）」「ついウッカリしていました」「そんなつもりじゃなかったのに」……。こういったグチや泣き言に、「じゃ、どんなつもりだったのだ?」と応ずる必要はあるまい。上司、先輩は自分の体験を交えながら指導してほしい。

期待は正しく伝えよ

○次はもう少し大きな仕事を任せよう

✕ 運を実力だと思うなよ

ある人間が、非常にラッキーな要素が積み重なって、仕事で大成功したとしよう。こんな時、あなたはこの人間に対してどんな態度をとるだろうか。狂喜する相手を見ながら、「これが本当に厳しい条件を克服して自分の実力だけでもぎとった成功なら、言うことはないのだが……」と、複雑な心境になりはしないだろうか。そしてつい、「勝ってカブトの緒を締めよだ。運を実力だと思うなよ」などと、一本、釘を刺したくなりはしないだろうか。

勝ってカブトの緒を締めなければならないのは確かだ。しかし、いかに幸運の女神の助力によるところが大きい成功であっても、すべて運と片づけるのは、相手を大きく伸ばしていく絶好のチャンスを、みすみす投げ棄てることになる。

たとえばプロ野球などでも、実力的にはとかくの評価がある上に、不思議にツイている選手がいる。監督は、ほとんど例外なくこうした選手を大切にし、勝負どころで起用していく。決して「今日のはフロック（まぐれ当たり）だ。実力だと思うな」などと言いはしない。そして、こういう選手は、運だ、まぐれだと言われながら、結局、チームの中に不動の位置を占めるようになっていくのである。

ある大物経営者は、18ページ冒頭の例に見られるように、自分の成功を「運八分、努力二分」と言っている。また、本当に力のあるビジネスマンほど、すべての成功が運によってもたらされたように見えるとも言う。余裕があり、楽々と成功をものにした時は、誰でも運が味方したように見えるものらしい。

つまり、「運」も「実力」のうちなのである。私の経験から言っても、運を呼び込む力、運を生かしきる力というものは確かにあると思う。したがって、「運を実力と思うな」ではなく、「運は実力と思っていい」のだ。とくに成長途上にある人間にとっては、成功の経験は貴重なものだ。成功の味、成功へのリズムを覚え、自信をつける。そういう時に「運を実力と思うな」と言われれば、成功の喜びも中くらいになり、こんなまぐれは二度と自分に訪れないだろうと、その成功から多くを学ぼうとしなくなる。「運にすぎない」という言葉が、本当に運にすぎない結果を招いてしまうのである。

勝ちぐせをつけさせよ

○おめでとう。運も実力のうちだぞ
○成功の教訓を次に生かしてくれ

怖いもの知らずの社員に

✕まだ若い

先日、夜もふけた電車の中で、60年配のサラリーマン風の男と、30代前半くらいの多少ヤクザっぽい男が、声高に罵（ののし）り合っている光景が目に入った。車内は1輌に十数人が立っている程度の混みぐあいだった。議論に言い負かされたのか、若い方の男がべらんめえ口調で、「お前のようなジジイには、この理屈が分からないんだよ」と言った。年配の男は、これを聞いて、「若い若い」と切り返した。

すると、若い方は、いきなりピシャッと相手の頬を張った。車内がハッとして固唾（かたず）を呑んでいると、くだんの年配者は、真っ赤な顔をくしゃくしゃにして、大声で、「まだまだ若い。なあ、にいさん」と応酬した。

私はこれを見ていて、人間関係が決裂する一つの典型的なケースを見たように思った。若者は、若さゆえの未熟さにいつもコンプレックスを持っている。年配者は、心身の老化、柔軟性のなさを常に気にしている。

そこで、お互い虚勢の張り合いになる。こうなった時、決定的な一打になるのは、とりもなおさず、その「若さ」「古さ」にグサリと踏み込んだ一言なのだ。

会社の人間関係でも、この「若い」という物理的年齢をタテにとった拒絶や否定は慎んだ方がいい。若さゆえのメリットを無視し、若さイコール未熟さと決めつけるような発言は、その若者に一個の人間として認められていない絶望感を与える。年をとり、経験や地位を獲得しない限り、何を言っても認められないとなれば、萎縮して、当たりさわりのないことしか言わなくなるだろう。恐れ知らずなエネルギーには〝水路〟を与えたい。

現代の管理・監督者の皆さん、あなたを仕込んだ先輩や一時代前の管理者の人たちは、あなたがかつて若かった折、あなたの思考や行動に何点をつけただろうか。先輩・上司のお目がねに叶った人は何人いたか。あなたの点数が良くなかったということは、反面にあなたの新時代への適応性を示すものではなかったのか。このことは、あなたが今日あるを得た「有能さ」の一部を証明したことになっているのではないか。「若さ」の素晴らしさを体験を交えながら強調してほしい。

年齢をタテにとるな

○発想にはたしかに若々しさがあるが……

○恐れを知らぬ若さは失ってほしくないがね

✖彼を見習いたまえ

「何だこのザマは。A君を見たまえ。同期入社でこんなに差がついて、君は恥ずかしくないのか!」「Bさんを見習え。涼しい顔でやりとげたじゃないか」。

叱る側は日ごろの鬱憤をぶちまけたいのか、叱ったことの効果を確かめたいのか、相手の感情を逆なでする人も出てくるようだ。なかにはこういう時に叱る内容に加えるのが、一つは他と比較して叱ること。もう一つは叱る内容を追加することである。「そうそう、ついでに言うとだね」とか、「この機会にもう一つ言っておくが……」などと。

誰にとっても耐えられないのは、同僚を引き合いに出してのこうした相対評価である。言った方は、能力的にすぐれた人間を例にあげれば、あとはいちいち指摘しなくても分かると思っているのだろうが、言われた方は単に自尊心を傷つけられただけで、何をどう見ればいいのか分かりはしないだろう。

人間は能力も育ちも一人ひとり違う。その個性を生かして使うのが組織人の役目である。大切なのはその人が以前より向上したかどうかという絶対評価であって、他人と比較してどうかということではない。

それに、自尊心を傷つけられた人間は、比較対照された相手とまともには付き合えなくなりがちだ。反発したり卑屈になったりする。A君もBさんも、決していい気はしないだろう。むしろ、被害者だといえる。不用意な相対評価は、組織のチームワークをも乱してしまうのである。

子どもの頃を思い出してほしい。親から、やれ「兄を見習え」だの「隣の子を見てみろ」と言われるたびに反発を覚え、彼らさえいなければ……とわざと兄の持ち物を隠したり、兄が自分に同情してニコヤカに話しかけてきたりしても、知らん顔をしたりする。隣の子に些細なことでケンカを売ったりしたこともあったはずだ。子どもでも周囲の遊び仲間を〝引き合い〟に出されての注意や叱責は、〝アタマに来る〟のである。まして大人は誰でも自尊心を持っている。

たとえ相手がチームの足を引っ張る社員であったとしても、具体的な名前をあげての比較評価は、当事者たちの心の中に重苦しくよどみ、職場全体が暗い雰囲気に包まれてしまうのである。

相対評価をするな

○君のいいところが今回は出なかったな

○ふだんの君らしくないね。今後、気をつけてくれよ

×ごちそうしてやろう

議員の派閥から果ては暴走族まで、集団と呼ばれるものには、必ずボスが君臨する。こうしたボスたちの中でも、実力者として多くから信望を集める人ほど、配下を大事にし、面倒をよくみる。組織を円滑に動かすには、下にいる者の考えを的確につかんでおく必要があるからである。

会社には、職場ごとに上司というボスがいる。上司たちは部下とのコミュニケーションをはかるために、職場内はもとより職場の外でも、気をつかい、いろいろ工夫する。最もポピュラーなのが、「一杯やるか」という誘いである。

一緒に酒を飲むという行為が、人間関係を親密にするとはよく言われるところだが、とりわけ職場では仕事に追われ、じっくり話をする暇もない上司と部下にとっては、お互いの信頼関係をより深める絶好のチャンスである。

俗に酒の席では対等というが、それは極端にしても、部下にしてみれば、昼間は上司に切り出せないようなことでも、酒の席でなら素直に口にできる。上司としても、そうした部下の本音を聞いておこうとする意図を持っている。

このように、上司と部下とが一杯やる行為は、職場のコミュニケーションづくりにかなりの効果が期待できる。

だが、ここで注意しなければならないのが誘い方だ。ヘタに親分風を吹かせて、押しつけがましく部下に声をかけてはブチ壊しとなる。部下は、その日の支払いがどの財布から出るかについて、なかなか敏感なのだ。「今日はごちそうしてやろう」と横柄に誘う上司は、いかにも自分の財布からだと言わんばかりだが、ちゃんと領収書を経理にまわすことを部下はよく知っている。

狼少年ではないが、これを繰り返していると、本当に身銭を切った時でも、部下はありがたがらないし、気持ちも渋々付き合うというものになってしまう。これでは、コミュニケーションの円滑化どころの話ではない。

こうした際は、つとめて気楽に付き合える雰囲気で誘うに越したことはないのである。

親分風はほどほどに

○どうだ、これから一杯つき合わんか
○知り合いに新しい店を紹介されたんだが、一人じゃ心細くてな

マナー知らずの社員に

✕それがオレに向かって言う言葉か

中堅社員や管理者を相手にした講演やセミナーに行くたびに聞かされるのが、最近の若い社員に対する非難である。曰く、言葉づかいを知らない、曰く、上司・先輩を何だと思っているのか……。

実際、若い人たちの言葉のマナーは、当世風の言葉も混じり、悪いを通り越して目にあまるものがあると私も思う。当の本人がそれに気づいていないところに問題があるのだが、しつけをうんぬんして非難するよりも、それをいかにして分からせるかが先輩・上司の役目でもあるのだ。「それがオレに向かって言う言葉か」とタンカを切ってみても、言葉づかいがどうあるべきかを知らない相手に対しては、しょせんは〝蛙の面(つら)に水〟なのである。

彼らには、言葉づかいを注意するよりも、話の中身を非難する方が有効なようだ。〝形〟を軽視する彼らには、逆手をとって形を無視し、言葉の内容を槍玉にあげる方がずっと分かりやすい。要は、相手の頭をフル回転させるテクニックを駆使することが肝心というわけである。

言葉のマナーを重視しすぎると、相手の頭は、しだいに内容よりも形式にとらわれるようになる。人間は誰でも、内容よりも形を重んじている方が頭を使わなくて済み、楽なのである。〝形〟をとらえて非難されると〝中身〟はどうでもいいという気持ちになるのが人間の習性だと言ってもいい。

たとえて言えば、テーブルスピーチなどで、形だけが整った無味乾燥な話でお茶を濁すようなものである。頭を使って考えるよりも、書店でスピーチの本を買ってきた方が手っ取り早いということになる。

相手に〝スピーチの本〟を買わせないためには、自分の立場にこだわらないことが先決だ。そして本人に、それがいかに形式的な内容にすぎないかを分からせることである。さもないと、言葉づかいだけはていねいだが、実を伴わない〝形式社員〟があなたの周囲にはびこるようになる。

すぐれた人間は、まず内容を重視し、そのうえで、ビジネスの社会にはそれなりのマナーが必要であることを自然に分からせるものである。〝蛙の面〟には、時として〝急がば回れ〟も必要なのである。

形式にこだわりすぎるな

○言いたいことを相手に理解させるには、言葉づかいも大切な要素だよ

✕君は口が達者だから

人間は、自分が認めたくない事実があると、意図的にそれ以外のものを強調して、自分を他人の目からごまかそうとすることがある。

たとえば好きな女性をやっとデートに誘い出した男は、少しでも彼女と長い時間を過ごしたいと思うあまり、彼女に帰宅時間が近づいたことを気づかせないよう、彼女の関心を時間以外のことに釘づけにすべく奮闘する。そして、彼がもし学歴のないことにコンプレックスを持っていたなら、学歴に話が及びそうになると、現在の仕事がいかにうまくいっているか、将来はこんな夢を抱いているなど、別の話に注意を向けようとする。

こうした心理は、よく皮肉やいやみという形であらわれる。

たとえば営業マンAが、難攻不落と言われた女性社長の会社に、ある製品の売り込みに成功した。それをやっかんだ同僚Bが、「いい男はトクするね。今度はどんな色じかけを使ったんだい」と冗談めかして言う。このときBには、同僚Aのセールス技術の優秀さを認めたくない心理が働いている。だからいい男、色じかけなどという、セールス技術とは関係のないものに注意をそらそうとするのだ。言われた本人は、当然、いい気持ちはしない。

この程度の軽口ならまだ罪は浅いが、もっと信頼関係を傷つける不用意な言葉を職場で耳にすることは少なくない。私の知っている端的な例では、むずかしい得意先からの新規受注に成功した営業マンが、直属の上司から「君は口が達者だからな」と言われて憤慨していたことがある。なかには、強烈なパンチともいうべき言葉を口にする人もいる。「ほかのことはともかくとして、キミは口先だけは一人前のことを言うじゃないか」。「キミも結構、利いたふうなことを言うね。いや、恐れ入ったよ」。たとえ冗談でも、このような、正当な評価を無視した筋違いな一言を口にしてはならない。

正確な論功行賞はビジネス現場を支える基本だ。それがあってこそ、社員は自分なりのやり方を工夫し、努力して懸命に働くのである。自分の認められたい部分を否定され、どうでもいい部分、あるいは自分にとっていやな部分を強調されると、新しいアイデアも、やる気も、一気に雲散霧消してしまうだろう。

正しく評価する

○いよいよ君らしさが出てきたな
○まぐれと言わせないために、その方法でさらに成功を勝ちとってくれ

アイデアを引き出す時

×フン

話をしていて次つぎにアイデアが飛び出し、話がどんどん展開していく相手と、少し話しては行きづまり、話がいっこうに進展していかない相手がいる。後者のケースでは、実は聞き手の態度が話し手のやる気やアイデアを出にくくし、口ごもらせてしまっているケースが少なくない。

たとえば、報告や発言を聞く時のあいづちにもそれが現れる。

報告やアイデアを聞いてもらおうと、勢い込んで相手の机まで行ったはいいけれど、話しているうちにだんだんつまらないことを話しているような気になり、徒労感とともに引き上げてくる……。

こんな時は、聞き手のあいづちが、聞いているのか聞いていないのか、いいのか悪いのか分からないような素っ気ないものである場合が多い。何を言っても「フン」「フン、フン」とか「ウン、ウン」などと鼻先であしらうような合いの手では、相手が話す気力をみるみる失ってしまっても無理はない。

「フン」を試みに辞書で引いてみると、「相手の話を軽んじる時に、鼻から出す声」とある。意思表示はだいたい口でするものだ。ほかに目や顎（あいづち）ですることもあるが、鼻での意思表示としての「フン」は、自分が軽く見られているようで、受け手としてはおもしろくない。だいたい鼻という言葉は、良くない（好印象を持たない）意味に使われることが少なくない。鼻で笑う、鼻をならす、鼻毛を読む、鼻つまみ、鼻の下が長い、鼻息を窺う……。会話にあまりにも「フン」が多ければ、上司が〝フン〟〝フン〟というたびに、部下はその陰の深さにますます鼻白んでしまうだろう。やる気やアイデアの出させ上手は、まず話させ上手であるはずなのに、最初から相手の発言を軽んじるメッセージが発せられてしまうのでは、相手の頭から出てくるはずのものも出なくなってしまう。

会議やミーティングでも事情は同じだ。仮に相手の話がつまらないものであったとしても、いや、つまらない話であればあるほど、もっといい話を引き出すための呼び水として、肯定するにせよ、否定するにせよ、誠意のあるあいづちが必要だと言えるだろう。

あいづち上手になれ

○なるほど、それで？

○うーん、そうかなあ

再考を要する意見に

✕話にならんね

何をするにも経験がものをいう、とはよく言われることだ。たしかに経験は新しい事態に取り組む際の指針になってくれるし、問題が起こった場合の対処のしかたも教えてくれる。要するに、先が見えてくるのだ。しかし、これに頼りすぎると、見えるものも逆に見えなくなってしまう。「群盲象をなでる」ではないが、自分が〝さわった〟ところだけをすべてと思い込み、ほかはいっさい認めなくなってしまうのである。

〝経験〟というものに、常にこのような落とし穴があることは否定できない。会社でも、これに類する過ちを冒すケースがしばしば見られる。自分の経験を唯一の基準にして、多少の再考を要する提案を即断してしまう人間が少なくないのである。ベテランだけではなく、たかだか数年の経験を積んだ中堅社員がこの弊害に陥り、新人や若手を軽んじる場合があるのは困りものだ。

これは、すべてを経験の鋳型(いがた)に流し込もうとするのに等しい。その結果、規格に合わないものはすべて認められなくなってしまう。相手の意見を、自分がかつて考えたことに短絡的に結びつけ、そこで良否の判断を下すため、新しい発想の芽をみすみす摘みとってしまうことになりがちだ。

いつもこれをやられると、相手は提案を出す気力も失せ、あなたの言うことをハイハイと聞くだけの、ただのイエスマンになってしまうだろう。提案、アイデアを聞く時は、自分の経験をひとまず脇において、虚心で接するのが望ましい。

それは、誰もが一度は考えることだとばかり「ぜんぜん話にならんね」と一蹴するようでは、自分と相手それぞれから〝考える習慣〟を奪ってしまう。

このコトバの類義語には「バカバカしいったらありゃしない」「バカさ加減もほどほどにしろよ」などがあるが、いずれも使う人は切り捨てるようにきつい。視線はあわれむように、態度は見下げるかのように、表情は自己の優位性を示すかのようにツンとしている。上役と部下は経歴（キャリア）、熟練度など比べれば、遥かに上役はウエイトは上である。これらの総合効果で言われた側はガックリ参ってしまう。

対案を重視せよ

○僕には君の考えのここがもの足りない

○こういう考えは成り立たないだろうか？

出直しを命じる時

×分かった、もういい

くどくどと要領の悪い話し方をする人間には三つのケースがあることに、賢明なあなたなら気づいているに違いない。一つは、本当に頭の中がからっぽで、その場しのぎの言葉をだらだらと羅列するたぐいのもの。もう一つは、何か言いたいことがあるのだが整理されていない時。そして三つ目は、相手がその言いたいことの内容に強い執着を持っている時だ。

表面的には同じくどくどしい言い方でも、これだけの違いがある。ビジネスをすみやかに進めるには、それぞれにふさわしい対応を使い分けるのが本来であろう。

相手の能力を引き出し、伸ばしていくことの下手な人間は、こうした場面での対応のしかたにまったく配慮が欠けていることが少なくない。その最たるものが、「分かった、もういい」とか「分かった、分かった」などと言って相手の言葉をさえぎり、口をふさいでしまうやり方である。これらの言葉ほど、先ほどの三つのケースのどの場合にも不適切な対応はないといえよう。

第一に、もし相手が無内容な言葉を羅列しているのなら、決して「分かって」やってはいけないわけだし、第二に、相手の頭の中が未整理状態である時に、「分かった」と言って、その思考作業を中断させてしまうのでは、いつまでたっても相手の考えをまとめる能力は向上しない。

第三に、相手があることに強く執着し、何度でもしつこく食いさがろうとする時こそ、そこに自分が思ってもいなかった重要な問題提起がなされているのではないかと、耳を傾けてみる必要がある。「分かった、もういい」という態度で、自分の頭から相手の発言を排除する行為は、同時に相手の頭の中から、持続させねばならない思考作業をシャットアウトしてしまうのである。

側近から耳の痛い進言をされるたびに「分かった、分かった」と言って相手の口をふさいでいたある大物政治家は、その政治生命を左右する大過誤を冒さざるを得なかった。「分かった」は、「分かりたくない」意思表示である。出直しを命じるなら、それにふさわしい言葉を選ぶべきだ。

シャットアウト語は言うな

○この点とこの点をもう少し整理して、あらためて聞こう

○じっくり聞くから、君もじっくり考えてきてくれ

✕ダメと言ったらダメだ

ベテランのセールスマンによると、最も説得しがたい相手とは、〝理由なき反抗〟型の客だという。

たとえば、客があれこれと理由を並べ立てて断る場合、その理由を一つずつていねいに覆していけばいい。そのためのノウハウは研究されつくしているし、その場その場でいくらでも頭のめぐらせ方はある。しかし、最初から、「いりません。なぜって、いらないからいらないのです」と、理由にならない理由を振りかざされると、とりつくしまもなく、頭のめぐらせようがないというのだ。

セールスの場合は、実はここから本当のセールスが始まるといわれる。理由にならない理由を振りかざした相手は、完全に思考停止状態に陥っており、コミュニケーションをみずから拒否している。そこにこそ、セールスの勝負をかけよということであろう。

しかし、これと同じ状況が、同じ職場の上司と部下、会議の提案者と検討者、実務を分担する同僚同士の間で繰り広げられた場合はどうなるだろうか。相手が〝客〟の立場で、あなたがセールスマンの役割の時は、まだ自分の責任において状況の打破を試みることができるだろう。だが、あなたが相手の申し出を、この客のように理由にならない理由で全否定した時は、相手はとことん突いてくることはしない。コミュニケーションの手がかりを失って、思考停止状態になり、「頭の固い人だね」と人間関係の糸をプッリと断ってしまうだろう。

とくに、「ダメと言ったらダメだ」「いけないからいけない」「やりたくなければやらなくてもいい」「いやならいやでいいが……」「すみませんですむと思っているのか」などのような同語反復による否定は、論理の入り込む余地のない閉鎖的な構造を持っている。理屈の分からない幼児に対して発する禁止語ならともかく、頭を酷使して仕事をするビジネスマン同士が用いる言葉ではない。

箸にも棒にもかからない意見をしつこく言いつのられると、たしかに「ダメ」と切り捨てたくもなる。だが、そういう時にも相手の退路を確保してやるべきだ。相手に対する気くばりは、自分の仕事の効率化となって返ってくるものである。

全否定でなく半否定で

○このままではまずダメだ。理由は……

○一度この案を捨ててみて新しい角度から考えてみよう

◈こんな「一言」にはウラがある！――基礎篇

言葉の裏（本音）を読んで的確に対応することは、重要なビジネス能力の一つだ。たとえば、**「考えておこう」**（断るよ）と言われて、「朗報をお待ちします」では、ヤル気があるのかすら疑われる。すかさず「こんな別案はどうですか」と揺さぶりをかけなければならない。**「君のお陰だ」**（力は認めるが、さて）とほめられて「うれしいです」では、人間の器量が問われる。「課長のご指導とチームの組織力のたまものです」とほめ返すのが常識というものだろう。

上司はいつも公正だとは限らない。自己保身や、幹部の無理難題に応えるために、不公正で危険な要求を、甘言にくるんでぶつけてくることもある。そんな一言への対応を間違えると、ビジネスマン人生を誤りかねない。

たとえば**「骨はオレが拾ってやる」**などというセリフは要注意である。こんな〝オレについてこい〟式の大時代的な言葉を口にする人は、親分肌で派閥活動が大好きなタイプに多い。うっかり乗ると、派閥のしがらみに巻き込まれて、「ヤツは○○派」などとレッテルを貼られ、あげく派閥での利用価値がなくなったと判断されたら使い捨てにされてしまうだろう。

ここは「まだ未熟ですので、いろいろな方にご指導をいただきたいと思います」とでも答えて、中立を心がけたいものである。実力が伴わないうちから派閥にうつつを抜かして、益はないのだ。

第2章

「説得」上手と「交渉」下手
――自信はどこから生まれるのか

たとえば

スジ論で反対する相手に

×理屈と実際は違うぞ → ○具体的にはどういうことかね

スジ論で反対する相手に

✕ 理屈と実際は違うぞ

プロ野球の元監督、野村克也氏は言う。「高名なＯＢがよく自分の体験を若手選手に押しつけているのを見聞きすることがある」と。「ツーアウト、満塁？　投手もビビッとるのよ。ガーッといきゃ勝てるんだ」「低めのタマを打つ時はな、パッと手首を返さなきゃいかんのだよ」。相手・状況・技術など千差万別なのに、いっこうに頓着していない無神経。パッ、グッ、ガーッと擬音で言われても分かるわけはない、と腹立たしげに語る。一方、プロ野球のあるコーチが若い選手の指導法を語った新聞記事を読み、なるほどと感心したことがある。

そのコーチによると、昔と違い今の若手は、ただやれと言っただけでは思うように練習をしてくれないという。この練習はどういう目的で、なぜここでやらなければならないかを、筋道立てて説明し、きちんと納得させてからでないと、ノック一つもできないというのだ。しかし、いったんコーチの言うことが納得できれば、あとは素直に練習に打ち込むから問題はないそうである。

このコーチと若い選手たちの関係は、私が企業の管理職者たちから聞いた話と、ぴったり一致する。若い社員は、社会経験に乏しいから、仕事をするにもまず理屈を優先させがちだ。一方、経験者の方は、これとは逆に経験から導き出した現実論で対処しようとする。

ほとんどの場合、経験者の主張を未経験者が納得するから、さしたる問題は生じないが、なかには、こちらの考え方に食いさがり、どこまでも反論してくる者がいる。

その際、こちらが余裕を持って対すれば、多少時間がかかるにしても、最終的には相手を納得させることができるはずだ。

しかし、相手と一緒にこちらが熱くなってしまうと、やりとりがこじれてくる。いつしか議論のための議論に陥り、ついに堪忍袋の緒が切れてしまい、声をふるわせて「世の中はそんなもんじゃない、理屈と実際は違うぞ」という言葉を口に出す可能性もあるわけだ。

だが、こうした恫喝を押し通して口を封じるのは、いい説得法とは言いがたい。相手が自分の理屈の未熟さに気づくように誘導してやってこそ、納得させることができる。

つまり、違うなら違うで、どう違うのか、どういう思考過程で違ったのか、何が違う因子になったのかを教えることだ。それが地に足のついた実際的な思考を身につけさせることになる。

反論を封じ込めるな

○具体的にはどういうことかね

理屈では動かない相手に

✕ 君のためだからこそ言っているんだ

〝おためごかし〟という言葉がある。相手のことを思っているように見せかけて、そのじつ自分の利益をはかる意だが、ビジネスでもよく使われる手だ。

たとえば上司が不服を唱える部下に転勤を無理やりに承知させようとする時や、しぶる同僚に自分の不得意な折衝や仕事を代行させようとする時など、〝おため顔〟をして口から発せられるのが、「君のためを思っているからこそ、言っているんだ」というセリフだ。

ちょっと手がこんでくると、「もちろん、イエス・ノーは君の自由だ。だから僕の言ったことにこだわる必要はないが、君のためを思って言った僕の気持ちを汲みとってほしい」といった言い回しがあとに続く。それでも気持ちが動きそうにないと、「ほかの人間には、こんなことは言わない。君だからこそ言うんだ。これも、みんな君の将来を思えばこそだ」といった具合に波状攻撃が続くことになる。

ここまで言われれば、相手の方も、このセリフが一種の押しつけであることに気がつく。「君のため」が、「僕自身のため」の裏返しであることを見抜いた相手は、「分かりました。私のことをそれほど考えていただいているのですから、あなたのためにお引き受けいたします」と、一矢報いることになる。

これで表面的には一件落着したかのように見えるが、あとには大きなしこりが残る。不信感というしこりだ。「考える通りになってくれないと困るのは、いったい誰なのだ。それを〝君のため〟だなどと〝おためごかし〟を言うとは何事だ」。おそらく相手は、発言者の命令を聞き入れながら、こんなふうに不信感をつのらせていくことだろう。もともと、理では納得できない話であったのだから。

いうまでもなく、社員が会社で働くのは、会社のためでも、上司のためでもなく、まず自分のためである。自分が会社で有能と認められたいために、昇給、昇格の候補者にあげられたいために、さまざまな抑圧もしのぐのである。

ここは「僕自身のため」と率直に言ってしまった方がいい。見え見えのおためごかしよりは、情に訴えて口説く方が、よほど効果的な交渉である。

君のためという押しつけをするな

○僕のために、ここはわがままを聞いてくれないか
○君の違った一面を僕に見せてくれ

じっくりさとす相手に

✕こんなことは言いたくないが

人間は、どんなに苦い薬でも、それが自分の体のためになると思えば、がまんして飲む。それくらいだから、薬がオブラートに包まれていれば、感謝こそすれ反発することはないだろう。喉もと過ぎれば、あとは苦い思いをしなくてすむからである。

しかし、自分の心にとって苦い言葉、注意や苦言を飲み下す時の心理は、こう簡単にはいかない。苦い言葉は、与えられた時も、飲み込んだあとも、いやむしろ飲み込んだあとになってなおさら、心をチクチクと刺すからである。

この痛みは、与えられた側だけのものではない。痛みを与えた人間も、相手の心に思いをはせて胸を痛める。とくに、日常的、表面的なささいな注意事項と違う、相手の人格にかかわるような苦言は、与えられた側も、また与えた側も、同様にその痛みを味わわなければならないだろう。

だから、じっくり苦言を呈する時は、お互いの痛みをできるだけ大きくしないよう、言葉に必要以上のトゲを残さないように配慮する。

ところが、どうはき違えたのか、自分の痛みを和らげることしか眼中にない輩がときどきいる。たとえば、その苦言が、あたかも自分の意思、自分の責任においてなされるのではないような逃げを打つのだ。「こんなことは言いたくないが」「こう言っては何だが」などと弁解がましく前置きする。

慎重派の中間管理職にありがちなこうしたコミュニケーションのパターンを、私は〝梅雨型〟とか〝五月雨型〟と呼ぶ。俗にいう「雷を落とす」式の〝夕立型〟と違って、だらだら、じめじめとした印象を相手に与え、結局は緊張した対立関係から逃げ、痛みを味わわないですまそうとしているのではないかという不信感を植えつけてしまう口のきき方だからである。

言いにくい苦言であっても、言うからには自分の意思・責任において言う。逃げ隠れしないで、はっきりと言い、ともにその問題の重みを背負う姿勢があってこそ、相手はその苦言が、本当に自分のためを思って発せられたことを感じるだろう。「言いたくないのなら、言わなければいいじゃないか」という反発を買うこともなくなるのである。

言うときにはハッキリ言え

○この際、はっきり言っておきたいのだが

○端的に言おう。実は気になっていることがある

✕みんなが迷惑する

あなたは、もし奥さんや子どもから、次のような訴えがあったら、額面どおりに信じるだろうか。「あのおもちゃ、友だちはみんな持っているんだもん」「あなた、近所の奥さんたち、みんな連休に家族で海外旅行するんですって」。

賢明なあなたなら、おそらくこのセリフを、旅行に連れていってもらいたい、おもちゃを買ってもらいたいための、一種の誇張された表現だと見破るだろう。

言うまでもなく、レトリックのポイントは、「みんな」という言葉にある。人は職場で自分の役割を果たすために、自分以外の人（上役・先輩・同僚・部下）の存在が気になっている。気にしていないようで気にしているものだ。〝みんなはどう思っているだろうか〟〝みんなはどう見ているだろうか〟と。だから失敗や不手際を演じた場合、「みんなが迷惑する」「みんなの手前、恥ずかしいと思わないのか」「みんなの気持ちも考えてみろ」などと浴びせられると、いわゆるアタマに来たり、その場に居たたまれない思いをさせられるのである。

だが、こういう場面でよく使われる「みんな」が、本当に「みんな」であることはきわめて少ないのである。極端な場合、近所の一軒か友達の一人、せめて二、三の複数の該当者がいただけで、それが「みんな」に拡大使用されるのだ。

こうした言葉のトリックを知れば、職場においても、困り者の社員を説得する時、「みんなが迷惑する」「みんなのためだ」「みんなの手前、恥ずかしいと思わないのか」「みんなはどうなってもいいと思っているのか」などと全員を引き合いに出しても、言葉どおりに受け取られるとは限らないことが分かるだろう。

あなたが、奥さんや子どもの罪のない言葉のトリックを見破ったのと同じように、相手はあなたのこうしたセリフにまやかしを感じ取る。「みんなが迷惑するなんて、本当は自分が困るからだろう」「みんなのためは、自分のためなんだ」と、不信感をつのらせることになりかねない。

実際のところは、みんなのためでもあるし、相手のためでもあり、自分自身のためでもあるだろう。こんな時は、あえて「みんな」にかこつけた言い方などしないことだ。

自分の責任で言え

○僕をあんまり困らせるなよ
○僕を含めて他の人間と、何よりも君自身のためだ

✕僕の立場も考えてくれ

部下をいくら叱咤激励しても、部署の成績がなかなか上がらない。あの手この手で、おどしたりすかしたりしても、いっこうに士気が上がらない。いよいよ万策つきてくると、上司の言葉も哀願調になってくることがある。「頼むよ。もう少し何とかしてくれないか。おれの立場も少しは考えてくれよ」というように、拝み奉る調子になってくる。

ここまでいかなくても、たとえば部課長会議で決まった方針を部下に伝え、仕事の段取りを立案させたところ、さっぱり要領を得ないということがある。社の方針や上司の意向が反映されていない、極端に言えば、部下が楽にこなせる部下サイドの案である。これでは、ほかの部課長に合わせる顔がない。そこで、「君たちは、自分の都合ばかり考えている。これで、次の部課長会議で報告できると思っているのか。少しはおれの立場も考えてくれよ」と言いたくもなる。

しかし、上司のこの思いとは裏腹に、このセリフを聞いた部下たちの反応は概して冷ややかなものだ。それはなぜだろう。二つの理由が考えられる。

一つは、上司はかつて部下だったことがあるが、部下はまだ上司になったことがない。サン・テグジュペリの『星の王子さま』の有名な冒頭、「おとなはかつて子どもであった。しかし、子どもであったことを覚えているおとなは、意外に少ないものだ」という言葉と同様、部下の立場を分かるはずの上司でさえ、いざ上司になってみると、部下がどういう立場に置かれているのか分からなくなる。まして上司になったことのない部下に、上司の立場を理解せよと言っても、それは無理な注文なのだ。

もう一つの理由は、こうした哀願調の言葉は、常に「私」が全面に出る。部下たちの成長よりも、上司同士とか、会社の上層部に対する自分の体面が優先している。だから、この上司と一蓮托生、上司を出世させて自分も出世しようなどと考えている者以外は、なかなか乗れない相談なのだ。

人が動かない時や周囲からの突き上げをかわす時、自分の立場を訴えても説得力はない。まず相手の言い分を聞くのが先決なのだ。

自分の都合を優先するな

○まず君たちの言い分をとことん聞こう

○オレの気づかないところがあったら、ぜひ聞かせてほしい

掟破りの相手に

✕ 規則だから守らなければならない

先進国の中で戦後一度も憲法を改正したことのない国は日本だけだということをご存知だろうか。アメリカやイギリス、ドイツなどの自由主義諸国はもちろん、世界一の官僚国家だった旧ソ連でさえ、たびたび憲法が改められた。

どんな規則でも、時代や社会の変化にそぐわなければ、手直しされるのは当然だ。肝心なのは、どこをどう改めるかの中身なのだが、この点の事情が日本ではいささか異なり、改めることの是非がまず議論の中心になる。これは、いったん決められた規則を不可侵の権威と信じがちな国民性によるものだろうか。

会社でも、社則にたとえ変更規定があっても、めったなことでそれが発動されることはない。長い年月にさらされて規則そのものが形骸化してくると、それに従う人間の方も硬直化してくる。ありていに言えば、規則は守るためだけのものとなり、運用する側も形ばかりと化した規則の権威を維持するのに汲々となるのである。血の通わない規則のためにがんじがらめにされると、往々にして個性に乏しい画一的な人間が出来あがり、ひいては組織までむしばむ結果になるのである。

どこの会社にも、ことあるたびに規則を持ち出す人間がいるものだ。社員が社則や就業規則に著しく違反し、会社に損害を与えたり同僚に迷惑をかけているのなら、規則で律するのは当然だ。しかし、会社のために良かれと思って行動しようとするのを、規則の一文をタテにはねつけてしまうのは、どうであろう。たとえば、トップの判断を仰がなければならないような大胆なプランに対し、あれこれ迷ったあげく、規則とのかね合いを考慮してストップをかけ、言い訳に「規則だから仕方がない」という言葉を使ったとする。果たしてこれで、提案者が納得するであろうか。

つね日ごろ規則の権威を絶対化している人間ほど、選択を迫られた時にその陰に逃げ込み、他人にも服従を強いることが多い。しかし、掟破りの意見や行動を改善させるために規則を持ち出すのは、自分に説得力がないことを暴露しているようなものだ。有能な人間は、規則破壊に見える意見からも、建設的な力を引き出すものである。

服従からいい仕事は生まれない

○僕の考えはこうだが、君はどう思っているのかね

○規則に触れるところを、もうひと工夫してくれないか

✕ 恥ずかしいと思わないのか

話は唐突だが、結婚問題でよく親と本人たちが対立するのはなぜだろうか。誰でも経験するように、それは本人たちが好き嫌いという感情レベルでの判断をするのに対し、親は経済基盤とか生活習慣の違いといった理性レベルで適否を見るからだ。いわば本人たちは結婚を損得ぬきの非ビジネス的価値観で見ているのに対し、親は結婚をビジネス的価値観で見ていることになる。そして結婚問題は、この二つの価値観のせめぎ合いで決定されていく。

しかし、企業という場では、明らかにビジネス的価値観が優先するから、そこに非ビジネス的価値観が顔を出しすぎると混乱が生じ、組織がうまく機能しなくなる。言いかえれば、感情レベルでの問題のとらえ方は、冷静な目的追求行動に必要な知性レベルでの問題のとらえ方を曇らせ、鈍化させるのだ。

この問題は、人間管理の面でとくに際立ってくる。社長だから尊敬せよと言っても、社員にとって尊敬するに値する実質がなければ、尊敬はできない。仕事に意欲を燃やせと言っても、その見返りがなくてどうして意欲を燃やせるだろう。

会社でよく失敗や無知をとらえて「恥ずかしいと思わないのか」「恥を知れ」などと叱責する者がいる。本当はもっときつい言葉で釘を刺したいところなのだ。「バカさ加減もいい加減にしろ」「まったくバカバカしいったらないよ」「バカも休み休み言え」などと。それをグッと抑えて「恥ずかしいと思わないのか」と、矛先を弛めているのだ。しかし、恥じるか恥じないかは、その人個人の感情レベルの問題であり、ここに立ち入ると問題が不鮮明になる。恥を恐れていては仕事は身につかないし、新しいものへの挑戦や、試行錯誤がつきものの創意工夫はできない。

最近の経営環境や雇用状況は、かつてのような年功序列、終身雇用ではない。上役は常に部下よりも高齢とは決まっていない。年齢の低い人が自分より年齢の高い人を部下に持つことも少なくない。若い上司が年配者の部下に向かって、「そんな年齢(とし)になって恥ずかしいと思わないんですか」「その年齢(とし)になって何をしているんですか」などと叱責を飛ばす。

恥をうんぬんする前に、その失敗が貴重な経験、勉強になることを、理性的に考えさせる一言が大切なのだ。

感情より勘定

○いい勉強になったろう。二度とくり返さないように頑張るんだな

私事をタテに取る相手に

✕仕事と家庭とどっちが大事なんだ？

「二者択一」というコトバがある。二つの中から一つを選ぶことで、アレかコレか、右か左か、好きか嫌いか、行くかやめるか、ビールにするか日本酒にするか、といった二つの物事の判断のしかたをいう。

似た言葉に「あれはあれ、これはこれ」という表現があるが、こちらは仕切り（ケジメをつけること）を意味する。「あれもこれも」と欲張れば「二兎を追う者は一兎をも得ず」という破目になる。

残業、残業が続き、日曜日は接待ゴルフ……。こんな夫に妻が言うのが、「仕事と家庭とどっちが大事なんですか」「少しは家のことも考えて」などの言葉だ。たいてい夫はまともに付き合わず、「うるさい。もう分かった」と答える。ところが、妻の態度が強硬だったりすると、売り言葉に買い言葉で、「オレが誰のために働いていると思ってんだ」「誰のおかげでメシが食えるのか」と怒鳴る。

どこの家庭でも見かける光景だが、ここで注目したいのは、いずれの場合にしても、夫は妻の〝問い〟に答えていない点だ。「仕事」と「家庭」は、元来まったく次元の異なる問題であり、二者択一の不可能なものである。夫婦ゲンカのどちらの肩を持つわけでもないが、答えたくとも答えられない質問に困惑させられた夫の心情は、実によく分かる。

こんな瑣末な夫婦ゲンカの話をしたのは、同じような会話が会社内でも、往々にして交わされるからである。たとえば、得意先との重要な商談の前日に、担当者の親戚筋にあたる人が急死したとする。彼が恐る恐る「突然で申しわけないのですが、お通夜に出席したいので、誰か私の代わりになる人はいないでしょうか」と申し出た時に、「大切な仕事だということを分かっているのか、仕事と家庭とどっちが大事なんだ」と迫る手合いだ。ちょっと頭の固い人間なら、「だいたい男たるもの、親の死に目に会えないくらいの覚悟がなければいけない」などと余計な講釈をつけ加えるかもしれない。

やはり「家庭が大事」とは答えにくい。相手は沈黙するだろう。

しかし、私事をタテに取る相手に反論不可能な二者択一を迫っても、それは説得ではない。事情によっては相手の負担を肩代わりしてやり、あとで挽回させるのが得策だ。

二者択一をさせるな

○急なことだから仕方がない。何とかしよう

✕僕にも女房・子どもがいるんだ

もう50年以上も前の話だ。今日の道路交通法をつくるのに尽力したある元警察庁高官が、後年、ますます複雑化してきた交通事情を憂慮して、道交法の精神ともいうべきものを見直す仕事をしたことがある。

その成果は、まとめて一冊の本になったが、この仕事は、すでに若いとはいえない彼にとっては、かなりの激務だった。日曜、休日も返上して事務所に出勤し、若い担当者たちの陣頭指揮をとった。すでに現役を退いて、本来なら悠々自適の生活を送っていてもおかしくない彼の真摯な姿勢に影響されて、関係者はみな真剣に取り組み、予定どおりに仕事は完成した。

ところが、その翌日のことである。彼の長年連れ添った愛妻が亡くなったことを、関係者は知らされたのだ。ちょうど仕事の最終的な追い込みに入っていた数日間、夫人の容体は悪化し、まさに死線をさまよっていた。しかし、彼はそのことをおくびにも出さず、完成間近の重要な仕事の要求に応えていたのである。

周囲の人間は彼が有名な愛妻家であることを知っていただけに、この知らせにはショックを受けた。というよりは、家庭にそんなに大きな問題を抱えながら、それを仕事の場へいささかも持ち込まなかった彼の生き方に、打ちのめされるような感動を覚えたのである。

彼の場合は企業人ではないが、一般の会社でも、ともに仕事をしている同僚や上司の態度がこうである限り、緊張感を欠いていい加減な仕事をする者は現われようがないであろう。

だが現実には、私生活を言いわけのタネに使う人間が少なくない。「僕にも女房子どもがいるんだ。お手やわらかに頼むよ」「睡眠不足でね。お先に失礼する」「明日の週末忙しいのは分かっているんだが、どうも最近疲れ気味なんで、わるいけれど一日休ませてもらうよ」などという一言だ。

これは他人に対する認識が欠けた自己中心的な言辞である。自分に家族がいれば、相手にもデートの約束があるかもしれない。自分が眠ければ、相手は熱があるかもしれないのだ。公私峻別はビジネスに対する真摯さの最低の条件である。しつこく食い下がる相手を振り払う言い訳に使っては逆効果である。

公私峻別を守れ

○まず僕をとことん納得させてから好きなようにやれ

○仕事は真剣勝負だ。やり直しはきかないぞ

✕オレの若いころは

各種のサラリーマン意識調査を総合すると、若い人ほど「経済的安定のために会社に勤め」、「仕事よりも余暇や家庭を大事にする」傾向にあるようだ。

こうした若者たちの仕事観や価値観が、経験を積んだ社会人には不満に感じられる場合が少なくない。研修に招かれた会社で、「近ごろの若いヤツは、仕事への情熱や意欲が薄くて弱々しい」とか「会社に対する忠誠心が足りない」などの不平不満をよく聞かされる。そして、これには「私たちの若いころは……」という下の句がつくのが一大特徴である。

しかし、長年にわたって新人研修にたずさわってきた私からみれば、そんなグチをこぼす人たちの「若いころ」が、ほかの世代に比べて特別に優秀で情熱的だったとは言いかねる。彼らも若いころは、年上の人びとから酷評されたりしたのである。

これは当然の話で、人間は誰でも、年齢を加えるにしたがって保守的・固定的になるものなのだ。そして目下の人間を、自分の中に体験として生きているかつての青年時代のモノサシで測定しようとする。自分より若い人間が、自分たちの青年時代と同じように振舞えば安心して満足するが、少しでもモノサシからはみ出た行動や考え方をすると、危険を感じたり不安に思ったりする。それが「オレの若いころは」の言葉となって現われるわけである。

しかし、年長者からこの一言を投げつけられた年少者の心情はどうだろうか。具体的な示唆もなく、ただ〝古きよき時代〟の思い出話を聞かされても、何をどうすればいいか分かるはずがない。

さらにいえば、こういうセリフは、自分自身がどれだけ保守化・固定化しているかのモノサシでもある。自分の上司を観察してみるといい。

年配者でも決してこういう一言を口にしない人もいれば、まだ若いのに「僕が君くらいの年齢の時は……」と事あるごとに言う人もいる。周囲の人間はこういう機微をすぐ見抜いて、「柔軟な人」「頭の固い人」と色分けするものだ。

時代が違えば、考え方や価値観も変わって当然だ。年少者の態度や仕事ぶりがダメというなら、どこがなぜいけないのか、どのようにいけないのか、今日的な事例を交えて説くことが大切だ。

変化を吸収させよ

○いろいろな情報を集めて、もっと考えてくれ

茶髪・ピアスの社員に
×新人のくせに

「クールビズ」が一般的になる以前、ノーネクタイで議会に出席した新人議員に、ほかの議員が猛反発して話題になったことがある。ノーネクタイのラフな服装は議会で審議をする人間にふさわしくないというのがその理由だったと思うが、本人にはその理由が納得できなかったらしく、しばらくは「議員らしさ」論争が世上をにぎわせたものだ。

この「らしさ」というのはなかなか難しい問題を含んでいる。というのは、現代の人間関係は、制度的な関係よりも、各人のパーソナリティ同士の交流・調整による関係に重点が置かれているからだ。言いかえれば、一人ひとりが持っている複雑で微妙な心理と心理の交流によって維持されているわけだ。つまり、制度的な「らしさ」が崩壊しているから、各人は良心とか良識とかの内面的な規範によって自分を律しなければならない。内面的なものは主観的である。その結果、「らしさ」をめぐって主観と主観がぶつかり合い、摩擦が生じるわけだ。それによって、茶髪やピアスばかりでなく、良くないコトバの使い方（特に「敬語」）、日常の会社内外における マナーやムードがからみ、社の内外にさまざまな問題を生じさせていく。

しかも、主観には世代や立場の相違も絡んでくる。茶髪やピアスは若者にはごく普通の風俗でも、ある年代より上の者にとっては、極めて特殊な格好に感じられるというわけだ。

会社でも折りにふれて「らしさ」をめぐる小さな波風が絶えない。先輩・上司の「新人らしく」「わが社の社員らしく」という主観と、自分では「らしく」振舞っているつもりの彼ら彼女らの主観には、大きなズレがある。新人だけではない。たとえば他部署から移動してきたベテラン社員が「営業マンらしくない」と陰口をたたかれるようなことは少なくないはずだ。

この溝を埋め、本人を納得させるには、相当の努力と説得力が必要になってくる。「らしくない」という言葉で問答無用に切り捨てるのは、主観の押しつけであり、その場しのぎの解決策にすぎない。それどころか、多数派という権威で同調させると、その人は能力を発揮できなくなる可能性がある。幼児時代に「男らしさ」「女らしさ」をあまり気にしすぎると頭脳活動を狭める、という心理学者の報告もあるほどだ。

押しつけでなく、相手の内面を啓発するのでなければならない。

相手に考えさせる

○僕はこう思うが、君もよく考えてくれ

○君の一人よがりではないかな？　仲間と議論するのもいいだろう

✕子会社に飛ばすぞ

普通、説得行為といえば、相手との親密感や融和感を手がかりになされるものが多い。ところが現実には、高圧的な押しつけや、おどしによる恐怖感に訴えて、強引に相手の同意を得る方法がかなり行われている。

とくに、子どもに対する親、部下に対する上司のように、地位や立場が優位にある者がこれを使う。

これは本当の意味での説得といえないだろう。たしかに、面倒なプロセスを踏まないで、いきなり相手の態度を変えさせる効果があることは否定できないが、実はそれも程度問題であり、おどしや恐怖感が強ければ強いほど説得効果があるとはいえないことが、心理学の研究で明らかになっている。

たとえば、学習に及ぼす罰の効果には、罰の強さは学習の難易に応じた最適のものがあり、これを超えた強すぎる罰は、かえって効果が下がるという。また、学習が困難なものほど、罰の弱い方が有効であることも分かったという。

別の研究では、虫歯の恐ろしさを説得するのに、恐怖度を3段階に分けて訴えた結果、恐怖度が大きくなるほど説得効果は小さくなることが分かったという。

こうした研究結果から言えることは、いかに強圧的な説得であれ、人間が、「恐怖」から目を背けたい性質を持つかぎり、その効果は薄くなるということだろう。

あなたが上司であるなら、部下に対する説得行為に、この脅しの要素が入らないよう注意するべきである。最初は、本来の説得である〝話し合い〟を採用していても、部下がなかなか説得されないとなると、この脅しという伝家の宝刀を使いたくなってしまうからだ。

部下にとってとくに恐ろしいのは、上司という立場が最も典型的に出る人事権がらみの脅しだろう。

「君みたいなヤツは、子会社か支店に飛ばしてしまうぞ！」などと言われた部下は、先ほどの実験の例ではないが、恐怖度が大きすぎて、説得の効果はあがらず、ただ小さくなって、嵐の通り過ぎるのを待つだけになる。

これでは、部下の個性は伸ばしようがないだろう。

人事権をちらつかせるな

○会社の仕事には、有無を言わせず従ってもらわねばならないこともある

✕オレの言うことが聞けないのか

子どものわがままに手を焼いた親は、よく「お母さんの言うことが聞けないの？　そんな子はウチの子じゃない」と叱る。

教育心理学者によると、この親のおどし文句は、子どもの頭脳の発達にあまりよい影響を与えないらしい。なぜなら、このような言葉は、親の権威の押しつけであり、子どもは、それに従ってさえいればまちがいないという、自分で考えることをしない人間に育つ恐れがあるからだという。

こうした権威の押しつけ、絶対服従のメカニズムは会社でも同じだ。

自分の意見を無理に通そうとする人間は、逆襲にあうと「オレの言うことが聞けんのか」「僕の言うことを聞かないヤツはだな……」と恐ろしい形相で相手に迫る。「無理が通れば道理が引っ込む」で、初めは反発を感じながらしぶしぶ従っていた相手も、そのうちに従うことに〝慣れ〟てしまう。

つまり、服従という行動や反応が機械的にくり返され、それについての疑問や批判が禁じられる状態が長く続くと、〝習慣としての服従〟が反射的に現われてくるのである。そして、いったん服従を身につけた相手は、その枠の中に安住し、ついにはその人に対しては言うことを聞くだけの自主性のない人間になってしまうわけだ。

このようなことはいささか極端だが、私の経験から言っても、自己顕示欲の強い先輩や、自分のやることに絶対間違いはないと自負する上司が君臨する職場は、往々にして上下の論争も少なく静かである。「オレの言うことをなぜ聞けない!!」の言葉に皆が機械的に従っているからだ。

しかし、一見よくまとまっている職場のようでも、実は絶対君主の顔色だけをうかがうピエロの集団にすぎないわけだ。本人は、自分の威光が行き届いているとご満悦かもしれないが、これは組織にとっても、もちろん会社にとっても、望ましい状態でないことは確かである。

「近ごろの若いヤツは、個性に乏しくバイタリティもない」と批判する前に、その個性や自主性を〝殺している〟のは自身ではないかと考えてみることも大切だ。

権威をかさに着るな

○まず君の言い分を聞こう

○君にも考えがあるだろう。先に言ってみたまえ

こんな「一言」にはウラがある！――指示・命令編

失敗する可能性の高い指示・依頼をする時、上司は巧妙な言い回しをするものだ。

たとえば**「嫌なら断ってもいいんだぞ」**と念を押された場合は、かなり面倒な仕事だと考えて間違いない。自分を大事に思ってくれる証拠だと誤解して、「喜んでさせていただきます」などと迎合してはいけない。

上司はあなたを〝死地〟に向かわせようとしているのだ。部下が失敗してつぶれても、自分が恨まれることがないように伏線を張っているにすぎない。

うまくいかないことが目に見えている場合は、勇気を持って「申し訳ありませんが、私にはいたしかねます」と断るべきである。そこまで危険度の高くない仕事でも、「明日中に行動計画を考えますので、チェックをお願いします」などと上司を巻き込んでおくのが安全である。

「以心伝心で頼む」「何をすればいいか分かるな」などというあいまいな指示は、「綱渡りの仕事だ。墜落するかもな」「具体案が出せないんだ」というホンネの裏返しである。はっきりした指示を出して後で責任追及されるのを予防するために、わざとボカした言い回しで部下の自主性に任せたかのようなポーズをとっているのだ。

「具体的な指示を願います」と、きっぱりとした態度をとらなければ、責任を負わされるばかりか、「難しい仕事はヤツに押しつければ断らない」となめられてしまう。

第3章

ここで大差がつく！人を動かす「依頼」と「指示」のルール

たとえば

奮起させたい相手に

×君を信用して任せる

↓

○**責任はオレがとるから**

奮起させたい相手に

✕ 君を信用して任せる

時は1904年、日露戦争の折、満州軍総司令官だった大山巌大将は、何もしなかったことで後世に名将として名を残すことになった。というのも大山は、作戦の一切を児玉源太郎総参謀長に一任、本国の総司令部から何を言ってきてもまったく寄せつけず、責任のみをとるという姿勢を貫いたからである。児玉も大山のこうした絶対的信頼に応え、日本を勝利に導いたのだ。

大山に代表されるような有能な人間に共通する点は、これだと見込んだ相手に、仕事の権限を丸ごと委譲してしまう思い切りのよさを持っていることである。これは、他人に自分の体を預けることだから、頭で考えるほど簡単なことではない。大山にしても、これだけ大胆な行動をとったのは、生涯で児玉に対してだけだろう。

会社のさまざまな人間関係でも考え方としてはほぼ同様だ。とくに上司と部下は端的な例である。そうそうすべてを任せられる部下がいるわけはないから、めったなことで「君を信用して任せる」などと口には出せまい。またこれを言うには、よほど人物を見る目に自信がなければ、かえって部下の信頼を失うことにもなる。

たとえば、仕事を命じる時、何かにつけて「君を信用して任せる」を口にする上司がいるとしよう。こうした上司は、往々にして部下から警戒心を抱かれる。部下としては、仕事を任されるのは嬉しいが、責任の方は一体どうなんだというわけである。あちこちに「君に任せる」では、万一の事態になった時、上司の体はいくつあっても足りない。

また、部下側からすれば、ふだんの指示で上司の口に上ったことのない「君を信用して任せる」だの、「オレが君を信用して任せたことは正解だったと、周囲が納得するような結果を出してくれ」など、指名された部下が感激するようなコトバを自慢げに並べる上司もいる。部下は感激して取り組むという算段らしいが、部下の心中は複雑である。「フン、ふだんはオレのことなど全然信用していないくせに。なんで今日に限って信用するなど、何だ、クソッ!!」と心中に寂寞感が台頭しても、部下のヘソ曲がりとばかり言いきれないことがある。

仕事を任せる時には、まず責任の所在を明らかにするべきだ。それが本当の信頼であり、相手も奮起するはずである。

責任の所在を示せ

○責任はオレがとるから思い切ってやれ

✕荷が重すぎるかもしれないが

先日、ある企業の人事部長と会った際、社員をほめることが、いかに難しいかという話になった。たしかに、ほめられてさらにやる気を出し、思惑どおりに成長していく人間もいれば、ほめられたがために自分に甘くなり、かえって努力を怠る社員もいる。そのあたりの見きわめは、決して容易ではない。しかし、その部長氏は、ほめられて悪感情を抱く者はいないから、ほめ方を工夫すれば社員はどんどん伸びていく、と語ってくれた。

一般にほめるとは、相手が及第点の仕事をやりとげた時に、「よくやった」と言うことだけを指すように思われているが、もっと別なうまいほめ方がある。

人間は、誰しも自分の能力については、可能性まで含めて評価しようとする。つまり、ここまで出来たからこれだけの能力があるとだけ考えるのではなく、今後はこういうことも出来るだろうと、潜在能力を加味して自分を評価するわけだ。まったく未経験の仕事でもとにかくやってみようとする原動力は、そこにある。本人が考えているこの〝実際より大きな自分〟を認めてやることが、相手のやる気を引き出す効果的な依頼法になる。

逆に、この〝実際より大きな自分〟を否定すると、相手は大いにやる気を失う。相手は、要求通りにその仕事が出来るか否かはともかく、たとえ経験がなくても、「自分にはこの仕事が出来るだろう」と考えているに違いない。そうしたやる気に「君には荷が重すぎるかもしれないが」と水を差すのは得策ではあるまい。いたずらに可能性を否定しては、大きく成長しようとする努力を放棄させてしまう。

「士は己を知る者のために死す」というコトバがある。人は自分を信じてくれる人のためなら、こんな自分でも役に立つのかと奮い立つものだ。それなのに自分の力を疑うような「荷が重すぎる」などと、決めつけられて誰が奮い立つだろうか。

「キミで大丈夫かなぁ、じゃ一応やってもらおうか」など、あまり熱のない、信任していないような口ぶりで指示されては部下の反応は推して知るべしだろう。まして「ミスを出したり、社内納期に遅れてオレに恥をかかせないでくれよ」などと、憫笑（びんしょう）まじりで言われては部下の立つ瀬はない。

肯定的な思い込みをさせる

〇君ならこれも出来るはずだ

〇もう君に任せてもいいと思ってね

✕たいした仕事じゃないが

A課長はB部長に呼ばれて「特命」を言い渡された。B部長はその特命を社長から命じられたのだが、社内での派閥ではB部長は秘かな反社長派だった。そのためか、特命をA課長に伝える時にかなりおざなりな言い方をした。具体的に言えば、プラン段階にある新規事業の予備調査をせよという命令だったが、これを「暇を見つけて適当に」という調子で伝えたらしい。

A課長は課長で、「この忙しいさなかに飛び込みの仕事を入れるなんて」と最初から乗り気でなかった。しかし、「特命」というものものしい伝えられ方をしたから、放っておくのも責任問題になる。そこで、部下のC君を呼び、「こんな仕事を君にさせたくないんだが、部長から頼まれちゃってね。ま、たいした仕事じゃないが、報告書だけは1カ月以内にまとめてくれ」と言い渡した。

C君は、それから20日以上この仕事を放ったらかした。課長からも、進行状態の報告を求められることもなく、雰囲気として、形ばかりの報告書があればいいという感じだった。それでも1カ月目に一応、報告書の体裁を整えて提出した。A課長は、「ああそうそう、ご苦労さん」

と見もしないで部長室へ持って行った。

翌日、C君が出社すると、課長が青い顔をしている。社長が、「このいい加減な報告書を書いたのは誰だ」とカンカンに怒っているというのだ。C君は憤然としてA課長に食ってかかった。「適当にやれと言ったのは課長じゃないですか」。それも空しい感じがした。彼は以前からこの会社に愛想をつかしていたのだ。

私がC君に会ったのが、彼の退職直後。この会社が倒産したのが、それから1年後だった。

上から下まで、仕事にこんな態度で接している会社がうまくいくわけがない。どんな些細な仕事でも、仕事としての厳しさ、真剣さを要求しなければ、ビジネスは達成できない。基幹的・重要的仕事だから、気を配って実施する。すなわちマニュアルどおりに、ルーティンワークにしたがって従事する。そうでない仕事は、のんびりと鼻歌まじりに実施する……、これでは成果があがらないばかりか関係先から苦情（クレーム）が飛んできてもやむを得ない。

「馴れ合いで適当にすればいい仕事」に、誇りも達成の喜びも味わえるはずはないのである。

小事をおろそかにするな

○小さな仕事だが、君の手際のいい処置を期待しているよ

○決まりきった仕事のようだが、何か新しいやり方はないか考えてみてくれ

プラス暗示で「のせる」時

✕ダメかもしれないが

ある業界のセールスをしていた、私の若かりし頃の話だ。今の私には考えられないことだが、当時の私は見ず知らずの他人と話をすることが大の苦手で、セールスという仕事がいやでたまらなかった。上司から、「何をしている。早く客を訪問して一軒でも取ってこい」とハッパをかけられて飛び出すものの、顧客の顔が目の前にちらつくと、もう訪問する意欲も失せて、喫茶店で暇をつぶすありさまだった。

そんなある日、勇を鼓して飛び込んだ顧客が、よほど虫の居どころがよかったのか、私の下手な話を最後まで聞いてくれたうえ、思いがけない契約をしてくれた。この経験が、「やればできるんだ」という自信を植えつけてくれ、それまでの私がうそのように、熱心に仕事をするようになった。もちろん、これをきっかけにセールスの成績も飛躍的に向上した。

その時は気がつかなかったが、各社の新入社員の教育を受け持つようになって、私の経験した重要な意味を改めて思い知らされた。セールスは苦手だ、どうせ売れはしないと思えば、結果はその通りになるし、絶対に売ってみせる、自分はセールスに向いていると思えば、契約はおもしろいようにとれる。

つまり、成功、不成功は能力よりも、自分が結果をどのように予想するかによって左右されることを知ったというわけだ。

右の例は、一種の自己暗示であるが、より強力な威力を発揮するのは、他人から与えられる他者暗示である。自信のぐらついている相手に、「君なら必ずできる」「君にしかできない」とプラスの暗示をかければ、相手の自我はふくらみ、期待にこたえようと全身が躍動してくるものだ。これが自信を生み、結果を成功に導く原動力になる。

反対に、自信を持っている人間に、「どうせダメかもしれないが……」という悲観的見通しを伝えると、せっかくの自信がぐらついてくる。

言った当人は「自分の予想を正直に伝えたまでだ」と言うかもしれないが、実はマイナスの暗示をかけ、結果は暗示どおりになって、周囲の人たちからも「あんなことを言わなければ成功したかもしれないのに」と非難されるのだ。

不安感をぬぐってやれ

○君なら必ずできる、がんばってくれ
○この仕事は君にしかできない

✕ 君でもいいからこれを頼む

言葉は魔物だと言われるが、ビジネスの現場でも、ほんのちょっとした言い回しの違いが、人間関係をダメにもするし良くもする。

得意先から緊急の呼び出しがあり、至急、誰かを差し向けなければならないといったことはしばしば起こる。あなたは上司であり、間が悪いことに先方の様子を熟知した人間がみな出払っているとしよう。放っておくわけにはいかないから、残った部下のうち、誰か一人を選んで交渉を言いつけることになる。その際、気をつけないとうっかり口をついて出てくるのが、「誰もいないから仕方がない。君でもいいから、すぐに行ってくれ」というセリフである。

部下は電話の様子から、何か緊急事態が発生したことや、担当者が外出中なのを察知している。この大切なお役目を仰せつかるのは、果たして自分かそれとも他の同僚かと、上司の命令をかたずをのんで待ち構えている。そこへ「君でもいいから」では、言われた当人はがっかりである。ヤル気を失ったとしても無理はあるまい。部下たち全員の気持ちも、「誰が行っても同じなら、いっそ犬にでもやらせろ」ということになるだろう。

プロ野球の監督が選手にピンチヒッターを命じる時に、迷ったり不安な素振りを見せるのは禁物だという。そこで自分に一発出ればと燃えている選手のやる気に、水をかけることになるからだ。ここでの一言は、「このチャンスをものにできるのはお前しかいない。今日の試合は全部お前にくれてやる」という全幅の信頼を表わしたものである。

仕事のピンチヒッターも同様だ。どうせ任せなければならないのなら、「この仕事を任せられるのは君しかいない」とゲタをあずけ、「何かあったらオレが話をつけるから安心して交渉してこい」と送り出すべきだ。ここまで信頼されて、奮発しない部下はいないはずである。

言葉は〝でも〟と〝しか〟のたった2文字だが、使い方で部下に与える影響力に、天と地ほどの開きがあるのは一目瞭然である。

私の友人は若い時、ある女性と知り合ってデートを重ねた。だが彼女には他に好きな男性がいた。しかし、猛烈なプロポーズで彼女のハートを射とめた。その時のプロポーズの中心になった言葉は「キミ以外の女性と結婚する気になれない」であったと言う。

プライドをくすぐれ

○この仕事を任せられるのは君しかいない

○いよいよとなったら僕が出ていくから、安心してやってこい

地味な仕事が続く人に

✕君にはいつも悪いと思っている

人の上に立つようになると誰しも感じることだろうが、部下に仕事を依頼するのは、やさしいようでいてなかなか気を使うものだ。やりがいのある仕事ならば事は簡単なのだが、会社の仕事は多岐にわたり、なかにはあまり手を出したくない種類のものもある。さらに厄介なことに、部下の能力・適性を考えながら仕事の割り振りをしてみると、そのあまりやりたくない仕事が、一定の人間に集中してしまうことが往々にしてある。

こんな場合、誠実な上司であるほど「君にはいつも悪いと思っている」という言葉が口をついて出がちだ。しかし、これは逆効果。部下は「自分は誰もやりたがらない仕事を押しつけられているのだ」という気持ちを強めてしまうことになる。

いささかタテマエ論めくが、会社は、いわゆるルーティン・ワークと称される退屈な仕事や、一見つまらなそうに見える仕事が、その土台を築いているといえる。実際、皆が皆、派手に仕事をやり始めたなら、収集のつかない状態になることは明らかである。

上司は、無駄な仕事、価値の低い仕事はないのだという姿勢をはっきりとさせておくことが必要だろう。

もちろん、仕事を依頼する際に「君の仕事はとても大切なのだ」などと、ことさら強調することはない。他の人に頼むのと同じように「これをいつまでにやっておいてくれ」ときっぱり言っておけばよい。そして、仕事の場を離れた席などで当人と話す機会を持った時に、積極的な評価を与えておくことだ。たとえば、部下たちに会議室の設営を指示した時、みんなは一応のレイアウトをしただけなのに、一人だけ指示しなかった会議用の小物などを準備しているのを見たら、すかさずコトバをかける。「人がなかなか気がつかないことをキミはしているね」と。

このコトバは何も大勢の部下の前で言う必要はない。当の部下だけに言えばよい。部下は上司の心くばりに感激して、以後も別にほめられたい気持ちはなくても、仕事にはこういう目立たない、指示されないことも含まれていると肝に銘ずるに違いない。彼の口から同僚に仕事の意義を話すかもしれない。そうすれば、上司は部下全体に対する注意を省くことができるというものだ。

仕事を低く見積もるな

○いつも着実な仕事をしてくれて、僕も助かっているよ

X 何が何でも間に合わせろ

「陣頭指揮」という言葉がある。「陣」とは、いうまでもなく合戦の兵の配置である。その、兵を動かし積極果敢に戦わせるには、指揮官が先頭に立って率先垂範することが必要であるということを言った言葉だ。あくまでも陣頭であり、陣尻で号令をかけているだけでは兵を動かすことができないという教えでもある。近代兵器を駆使した現代の戦闘では、まさか指揮官が先頭に立って走り回ることはないだろうが、率先垂範が必要であり、号令だけでは兵は動かないという原則に変わりはない。

ビジネスの世界も同じである。「あれをやれ」「これをやれ」と、かけ声や号令だけが勇ましくても、人は動かせない。不承不承に動いたとしても、決して効率のよい働きはできないだろう。とくに、「何が何でも間に合わせろ」式のハッパは、当面の効果は上がっても、禍根を後に残すことになる。

その理由は、第一にビジネスの原則である結果主義が前面に出すぎて、プロセスや手段がいい加減になりやすくなる点だ。「A商事の納期は今日の夕方だったな。え？　品物が足りないって？　何が何でも間に合わせろよ」と言われた相手は、間に合わせることのみが頭にこびりつき、明朝、B商事に納品する品物をA商事に回し、翌日のB商事にはさらにC商事の品物をと、タライ回しをしかねない。創意工夫をめぐらして効率的な作業方法を考えるのではなく、当面のつじつま合わせだけがうまくなる。これでは本人も会社も伸びないだけでなく、このツケは結局、号令をかけたあなたに回ってくるのだ。

第二に「何が何でも間に合わせろ」式の結果主義的号令は、手段に対して何らの示唆も与えていないため、相手は、「そんなことを言うなら、自分でやればいい」と反発する。「何が何でも」では、「何も」指示していないのと同じなのだ。ついに相手は、当面の結果さえ良ければいいと、理非曲直をわきまえない動きをするようになる。

「初め良ければ終わり良し、真ん中良ければさらに良し、終わり良ければすべて良し」という警句どおり、指示者が常にプロセスに意を用いてこそ、社員はいい結果を生むために頭を使えるのだ。

指示は数字と具体論でやれ

○この目標を達成するには……（具体的な指示を示す）

○難問が生じたら率直に言ってくれ

仕事の遅い人に

✕グズグズしていないでさっさとやれ

学生時代にいつも一夜漬けで試験を突破してきた私は、今でもそのクセが抜けず、どんなに時間的余裕がある原稿でも、締め切りまぎわにならないと書き始めることができない。これが気の乗らない原稿ならなおさらだ。もうとりかからなければ間に合わないというタイムリミットぎりぎりになって、やっと脳ミソが働きだしてくる。

私の例はいささか極端にしても、人間がある目的に対して行動に移る際には、一定の〝助走期間〟を必要とする。いわゆる機が熟すのを待つ時間である。かかる時間の長短は人それぞれだが、ハタで見るほどムダな行為でないことは確かなのだ。しかし、他人の魂の中まではのぞくことはできず、現実には何もしていないわけだから、往々にして誤解が生じる。

ビジネスマンの能力を判断する基準として、仕事が早いか遅いかをあげる人は多い。素早くとりかかり、手ぎわよく片付ける人間は、キビキビとして、いかにも〝やっている〟という印象を与える。それに比べて、仕事を命じるとスタートまでに時間のかかる人はいかにもやる気がなさそうに見え、能力にも疑問符をつけたくなるだろう。何をグズグズしているんだと、小言の一つも言いたくなるわけだ。

しかし、こうした人間の中には、仕事がいやだ、やりたくないという気持ちを何とか奮い立たせようとしている者もいれば、仕事の手順を頭の中で綿密に検討している人もいる。どちらにしても、スタートするための助走期間である。したがって、仕事のスピードアップを促す場合も、ただサボっていると決めつけるのでは逆効果だ。堂々めぐりはしていても、自分で仕事に向かおうとする人の努力は評価しなければならないのである。

ここで目先を変えて話を展開してみよう。相手を叱正したり、小言を言う時、失態を咎める時、私たちは結構、擬声語や擬態語を使うことが少なくない。いくつか挙げてみると――

「グズグズするな」「ボヤボヤしているから、そういうことになるんだ」「もっとバリバリ動けよ、何しているんだ」「ゴチャゴチャ文句を言うな」「デレデレするなよ」「ガタガタとうるさいぞ。静かにしろ」「もっとゴシゴシ洗わんかい!?」「ノロノロするな」など、発音はG音・B音・D音が多い。もちろん、擬声語や擬態語は叱声や小言ばかりでなく、賞讃でも使用する。「ピチピチした――」「ピカピカの」「スルスルと」「カリカリの」など。話がイキイキしてくる。

助走期間を認めて促す

○考えがまとまったら、せっせとやろうな

Xつべこべ言わず、とにかくやれ

「つべこべ」とは、あまり重要でないことに、出しゃばってあれこれ文句を言う様相のことをいう。

人間の欲求は、無制限に満たされるものではないことを、私たちは体験上よく知っている。欲求はもちろん達成されることが望ましいが、それが社会的・能力的に困難なこともあるし、自分の良心が検閲することで阻止されることもある。

こうして阻止される必要が発生すると、その欲求自体を放棄するか、延期するか、他の欲求にすり替えるかして処理するのが普通だ。この放棄・延期・転換のシステムが採用できないと、欲求達成のエネルギーは欲求不満(フラストレーション)となって、他のはけ口を見出そうとする。ちょうど、異物によって詰まった土管が、通路を失った水をとんでもないところに滲み出させるようなものだ。

会社における欲求は、それが思いどおりにいかないと、たいていの場合、放棄・延期・転換などのシステムによっては処理できない。命じられた仕事を、勝手に放棄・延期・転換するわけにはいかないことを知っているから、それは容易に推測できるだろう。

注意を与えたり、催促せざるを得ないような社員は、たいてい仕事がうまくいっていなくて、フラストレーション（欲求不満）を持っているわけだ。土管は詰まったままなのに、上から水はどんどん流れてくるといった状態にある。まして、「まだできないのか。さっさとやれ」などと上から圧力をかけられれば、土管の中の水圧はどんどん高くなる一方になる。

当然、この相手は、この圧力のはけ口をどこかに求める。さもなければ、土管が破裂してしまうからだ。ある場合には、同僚のグチ話になり、または赤ちょうちんでのヤケ酒になる。

相手がこんな状態にいるとき、さらに「ブツブツ不満を言わないで、さっさとやれ」といった催促の追い打ちをかけることが、どんなにやる気を削ぐかもうお分かりだろう。ブツブツという不満は、心にある土管の水の一つのはけ口なのだ。これも塞いでしまって、さらに「さっさとやれ」と水圧をかけたら、土管は本当に破裂してしまうだろう。とんでもない行動に暴走する恐れも出てくる。少なくとも、まったくやる気をなくして開き直ってしまうことが心配される。

不満の出口をつくれ

○言いたいことがあるのなら、この際、全部聞いておこう
○不満は不満で聞くから、とにかく仕事は進めてくれよ

✕くどいようだが、もう一度言っておく

私たちが電話で話す場合、「モシモシ」という言葉を随所に使うことがある。たとえば話し手が「モシモシ、そしてですね、モシモシ」。聞き手は「ハイ、ハイ」と応じると、また「私がですね、モシモシ」などとやっている。これは顔の見えない相手の反応を確かめたいのだ。ところが、両者が対面して話し、聞いているにもかかわらず使う人がいる。それもモシモシばかりではない。性格なのか、それとも〝癖〟になっているのか、話が始まると、クドクド、ネチネチ同じ言葉や内容を繰り返す。

ある統計によると、人が話を聞く気になれない時の代表的なケースは、一に話の内容がつまらない時、二に話がくどい時、三に話しぶりが気に入らない時となっている。

ビジネスでのコミュニケーションの場では、伝える内容がつまらなかろうが面白かろうが、伝えなければならないことは伝えなければならない。そこで、この統計にも現われている「くどい」伝え方が問題になってくる。

くどい（諄い）とは、しつこい、あっさりしていない、執念深いといった様相を言う。なぜ、

くどい言い方が嫌われるのだろうか。それは単に、聞き飽きた、新鮮味がない、退屈だという理由からだけではない。要するに、自分がそうまで何回も言われないと分からない程度の人間に見られているという不快感なのだ。人間は、自分では「そこまで言われなくても分かっている」、あるいは「一度言われれば分かる」と思っている。くどい指示は、そうした自己評価を無視した不信感のあらわれと感じられるのである。

こうした心理を知ってか知らずか、すでに言ってあることを確認したい時や、念押ししたい時に、「くどいようだが……」とわざわざ前置きをつける人間がけっこういるものだ。

私に言わせれば、これはまったく言わずもがなのセリフだ。相手のもっとも聞きたくないくどい指示を、わざわざ「くどい」と宣言して意識化させることはないからである。相手は、くどいと分かっていながら言わなくてはならないほど自分は信じられていないのかと、基本的な信頼関係を疑いはじめかねない。「いくらくどくても言わなければならない」という時こそ、くどさを感じさせない言い方が要求されるのである。

信頼を示せ

○この前言ったポイント、君はどう思うか
○ほかは何も心配していない。□□だけだ

反抗にあった時

✕何だ、その顔は

「忍ぶれど色に出にけりわが恋は、ものや思うと人の問うまで」（百人一首）という句があったが、人と人とのコミュニケーションは、言葉だけで成り立っているわけではない。人は誰でも顔つき、動作、態度、癖など、自分の身体器官を総動員して、意思や感情を相手に伝えようとするものだ。肉体言語（ボディ・ランゲージ）といわれるのがそれだが、専門家の研究によれば、言葉で表わしにくいホンネの部分が、無意識のうちにとくに肉体言語によって表出されることが多いという。

なるほど、いやな相手に会わなければならない時には、足どりも重くなるが、デートに向かう人の足どりは他人が見ていてもおかしくなるくらいに軽やかだ。相手の話に乗っている時は、身体が自然に前かがみになるが、もう聞きたくないという時は、腕組みをしたり、貧乏ゆすりをしたりする。離婚を望んでいる妻は、夫の前でエンゲージリングを無意識のうちにはめたり抜いたりする動作をするという説も、うなずけないことはない。

会社の人間関係でも、言葉によらない表現によってコミュニケーションをはかろうとするのは当然だ。ヘマをした相手を、大勢の前で、あからさまに言葉で叱りつけられない時は、叱り手の顔は自然に渋面になる。それを見た相手は、言葉に出して叱責されるよりも身に染みて応えるかもしれない。指示や命令に納得できない部下は、ふくれっ面をして自席に戻ることもあるだろう。

ある意味では、ビジネスの信頼関係の深さは、意思や感情の表出をどれだけ正確にキャッチするかで計られるといってよい。ところが、なかには相手の気持ちを忖度（そんたく）するのが面倒なのか、あるいはホンネをぶつけることが不快なのか、ことさらに肉体言語を拒否する者がいる。「何だ、その顔つきは」「何だ、その態度は」といった具合に表情や態度を非難するわけだが、非難しているのは、顔つきや態度に出ているホンネの部分にあることは言うまでもない。

指示や依頼を忠実に実行させるためには、相手の感情的反発を放置してはならない。無言の反抗は「ホンネを口には出せません」というメッセージでもあるのだから、こちらから汲み取ってフォローしてやるべきだ。こういう気くばりは、交渉や営業、クレーム処理など、あらゆるビジネス場面を有利にするはずである。

感情を汲み取れ

○不満かもしれないが、やってくれるな!?

✕やりたくなければ、やらなくていい

「これをしろ」「あれをやれ！」というストレートな命令は相手の反感を買い、やる気を失わせるタネになりやすいことは誰でも知っている。そこで、命令者はさまざまなテクニックを駆使して命令にオブラートをかぶせ、自主的に命令を実行させようとする。「これをやってくれないか」という依頼型、「これをやらなくていいのか？」という疑問型などはその典型だが、オブラートの使い方によっては、命令する者と命令される者との間に馴れ合いの空気を生み、かえって逆効果になることが多い。

その一つに、相手の意思を尊重しているように見せかけた脅迫的命令がある。「勉強したくなければ勉強しなくてもいいいんだ」という親のセリフ、「練習したくなければしなくてもいい」という監督の言葉、「やりたくなければやらなくていい」という上司の言辞などがその例だ。実際はやってもらいたいくせに、「やりたくなければ、やらなくていい」などと脅迫的な言葉を玩ぶ(もてあそぶ)のは、猫が子ネズミをなぶるのに似て陰険すぎる。

いうまでもなく、この命令には、親、監督、上司という権威を背景にした〝おどし〟の意味

が含まれているだけに、命令された者の反感を買う度合いが強くなる。また、この命令に従わないことによる結果については、命令者は責任を負わないという責任逃れの意味もある。勉強しなくて高校に入れないのは子どもの責任だ、練習しなくてレギュラーになれないのは当の選手のせいだ、仕事をしなくて出世できないのは部下の責任だというわけだ。

しかし、どのようにすれば命令を素直に聞いてくれるか、それによって相手の可能性をどのように引き出していくかがリーダーの役割である。自分の思いどおりに動かないからといって、逆説的な命令を下して動かそうというのは、命令する者とされる者との間に緊張感を失わせ、かえって伸びる芽を摘むことになる。

「やりたくなければ、やらなくていい」と言われて、「ああそうですか、助かりました」と命令に素直に従う社員はいない。売り言葉に買い言葉で、「やりたくないけど、あなたは権力を持っているから、その権力に負けてやりますよ」と、しぶしぶ従うだろう。しかし、自主的に命令には従っていないのだから、勉強、練習、仕事の成果のあがるはずがない。よいリーダーは、やりたくないことをいかにしてやろうという気にさせるかを常に考えているのである。

意思尊重の見せかけをやめよ

○これは、……というわけで、どうしてもやらなければならないことなのだ

✖もういい、僕がやる!

話の腰を折られたり、勝手に話の結論を相手に出されたりするのは不愉快なものだ。次の話のキッカケをつかめないばかりでなく、土足でわが家に入り込まれたような怒りも感じる。もっと癪にさわるのは、わけ知り顔をした相手の高慢ちきな表情である。その鼻柱をへし折ってやりたいと思っても、相手が上司である以上、それもできず……。かくして、部下はひとり心の中で「チキショウ!!」と呟くか、今に見ていろと反抗の炎をさらに燃えあがらせるか、あるいは自分の話の進め方、まとめ方にコンプレックスを抱くかである。

極端な例で恐縮だが、前代未聞の大事件を引き起こした某宗教団体では、指導者だった死刑確定囚は信者が命令の遂行を渋ると「もういい! オレがやる」と怒鳴るのが常だったという。そうすると信者は必死になってどんなことでもやったらしい。

あまりに卑怯なやり口と言わざるを得ないが、会社でも似たようなセリフを口にする人間が時にいるから問題である。チームメイトや部下が期待どおりの手腕を発揮しない場合だ。

仕事がうまく運ばないのは、相手の能力不足やこちらの指示の悪さ、状況の変化など、それなりの理由があるのは当然である。こうした事情をまったく考慮に入れずイライラを高じさせて、相手を2階から蹴落とすように「もういい、僕がやる！」。この「もういい」の意味を考えてもらいたい。これは相手に失格者の烙印(らくいん)を押す焼きごてにほかならない。言われた相手は必ず自信喪失と自己嫌悪にさいなまれるだろう。

人間は誰でも相手に期待をかける。期待が適正だと、相手の努力は実り、成功を収めて自信が生まれるだろう。しかし、期待が相手の能力以上であった場合は往々にして失敗する。このとき「もういい」と言う人には、この失敗を、自分の根拠のない過剰期待の結果でなく、相手の努力不足だと断定しているわけである。

これでは相手は立つ瀬がない。相手が同僚ならば「じゃあ、お前がやってみろ」となってチームワークは台無しになる。部下ならば萎縮して能力が発揮できなくなるだろう。「もういい」と言いたいような状況に立ち至った時、相手を救う唯一の道は、もう一度チャンスを与えることなのである。

期待の〝反動〟に用心せよ

○もう一度やってみるか？
○時間を延ばすから、焦らずやってみろ

手すきの人に

✕ 暇そうだな、彼を手伝ってくれ

一見して何をやっているのかはっきり分からない人に、誰彼かまわず仕事を言いつける人間が、どこの会社にもいるものだ。まとまった仕事がなければ雑用を、それもなければ同僚の手伝いというように、必ず何かを探してくる。こうした人間は、忙しげに動いている社員だけが仕事をしていると信じているわけだ。したがって、仕事を依頼する時も、つい「暇そうじゃないか」と枕詞(まくらことば)を振ることになる。

なかには、こう言いたくなる人間もたしかにいるだろう。だが、ビジネスには気持ちの切り換えをはかる時間も必要だ。よく月曜日の朝、すぐ仕事にかかれない人がいるが、これなども休日と平日の切り換え時間といえるだろう。

ところが、本来、誰にでもあるはずの切り換え時間が、自分の時はともかく、他の者については、サボっているように映るから始末が悪い。外見上は、これといって区別する材料にとぼしいから、誤解はなかなか解けない。

以前、プロ棋士の囲碁を観戦した時、第一着をなかなか打たない光景を目にして不思議に思ったことがある。その棋士は、5分間ほどじっと瞑目したり天を仰いだりし、やがておもむろに石を打ち下ろした。あとで聞いたところによると、それは〝今から戦うぞ〟という気合いが充実するのを待つ時間であるとのことだった。

盤上で激しい勝負をくり広げる棋士ばかりでなく、人間は一つの行動から次の行動に移る時、仕事のワンステップを終了し、どう報告書を作ろうかなどとプランを練ることが少なくない。また、次の仕事に移るために、頭の切り換え中ということも考えられる。こうしたことは、活動しているか静止しているかという外面からだけでは、十分に判断できない。普段から、同僚や部下一人ひとりについて、仕事ぶりや性格をある程度把握しておくことが必要だ。

「あいつは何をしているのか」と疑問に思ったら、呼んで聞けばよい。そうすれば、本当に暇なのかどうかはっきりする。その上で、暇な人に対しても、オフィスでは誰もが忙しいはずだというタテマエを崩さず「もっと多忙な人を助けてやってくれ」という言い回しをすることだ。こうすれば指示・依頼はスムーズにいく。

見かけで判断するな

○一段落したのなら□□君を助けてやってくれ
○悪いがこの仕事を割り込ませてくれ

不器用な人に

×にぶい人間だね

十人十色という言葉があるほど、人間の個性はさまざまだ。すばしっこく万事ソツなくこなす者、豪胆でものに動じず大所高所に立てる人、小心で厳しい叱責を受けるとすぐしぼんでしまう者など、実に多彩である。人間同士がうまくつき合うには、こうしたそれぞれの個性をよく理解することが重要となる。ことにビジネスでは、個性に対する高度な観察眼が要求される。

そういう意味で、もしあなたに、一見飲み込みの悪い人間を邪険に扱う傾向があるとしたら問題だ。とくに、緊急の課題を処理しなければならないといったケースで、頼むに足りない人間と一蹴してしまっていないだろうか。しかし、人間はそう単純なものではないのだ。大きなマイナスの陰に、それに倍する大きなプラスの面を隠し持っているケースが意外に多い。

ビジネスマンにとって、飲み込みが悪いということは、あるいは致命的な傷かもしれない。だが、こうした人間に、長期的な展望に立ったスケールの大きな仕事を与えると、人が変わったかと思う手腕を発揮する場合もあるのだ。

坂本龍馬などもその好例だろう。龍馬は長じるまで寝小便が治らぬ、近所でも評判の鈍な男だった。姉の乙女や盟友武市半平太の薫陶で多少は成長したが、作家の千頭清臣氏に「龍馬は馬鹿の幅がわからない」と評されたように、茫洋としていて決して鋭くはない。攘夷思想にかぶれて勝海舟の暗殺を図ったりした。ところが海舟は龍馬の大器を見抜き、幕府の海軍操練所に入れてしまう。そこで航海術、西洋情報、国家構想などを海舟から教えこまれた彼は、それまでの龍馬とは別人のように変身し、ついには維新の大役を担うことになった。

海舟と龍馬の関係でも分かるように、ビジネスマンは、相手自身も気づいていない隠れた長所や才能を引き出してやってこそ、大きな仕事ができる。それがマネジメントということだろう。だから、不器用な人間でも「にぶいねえ。もうリミットだ」とせかしてはならない。「にぶいねぇ」と相似的な言葉に、「煮え切らない人だね、あんたは」「つかみどころがないヤツだな、キミは」などのコトバがある。これらのコトバを使って相手を屈服させようとしても、そうは問屋は卸さないことが多い。長い目で見て根気よく育てる必要がある。時間がかかっても仕事に遅滞が生じないよう指示・依頼のタイミングを工夫すべきなのである。

長い目で見てやれ

○時間がかかってもよいから、君の手で最後まで仕上げてくれ
○この仕事を君のやりたいような方法でやってくれ

こんな「一言」にはウラがある！――左遷・リストラ篇

異動や出向の打診をされた場合、それが左遷やリストラでないかどうかを見きわめて返答しなければ、冷や飯を食わされる。

たとえば**「先方が君に期待している」**という言い方をされた時。こういう場合は、転出先がどんな状況にあり、自分に何を期待しているのかを聞いてみる。具体的に答えてくれるようなら、本当に期待されていると思っていい。だが、答えられなかったり、通りいっぺんのあいまいな返答しかなかった場合は、左遷か、リストラ予備軍入りの可能性が極めて高い。

支社や子会社に**「新風を吹き込んでくれ」**と栄転めかして肩を叩かれた場合も微妙だ。セリフの裏は「転出先は業績不振で士気もあがらない場所。君が新風、つまり抜群の成績アップをもたらすことを一応期待するが、気長には待てない。ダメなら転出先は閉鎖。君はクビだ」であるケースが少なくないからだ。

すなわちあなたは〝鉄砲玉〟にされたわけだ。そしてそのくらいだから、転出先で成功する可能性は低い。各部署のリストラ候補生を一カ所に集め、業績不振を理由に一挙に〝処分〟する底意かもしれないのだ。

こういう時は「ご期待に添えません」と断ることも許される。だからといって状況が好転するとは限らないが、すでに崖っぷちに立たされているのだから、自分で納得のいく可能性に賭けてみるべきだ。

第4章

人間関係が一変する「ほめ方」「叱り方」の技術

たとえば

早く立ち直らせたい相手に

✕気にするな　→　○フォローが大切だぞ

早く立ち直らせたい相手に

✕ 気にするな

刑事事件の裁判では、被告に改悛（かいしゅん）の情が見えると、かなり大きな罪を犯しても、裁判官の心証いかんでしばしば執行猶予のついた判決が言い渡される。もちろん、被告に社会復帰のチャンスを早目に与える手段といえるこの執行猶予が、有罪であることに変わりはない。それを忘れてハメをはずすと、結局は実刑を受けることになるわけだ。

こうした執行猶予のパターンは、裁判だけの専売特許ではない。似たようなことは会社でも暗黙のうちに行われている。

たとえば、将来を有望視されている社員がミスをしでかしたとしよう。本人がまったく意に介していないのなら厳しく叱るのも可能だが、ミスを必要以上に重大視し反省の色が濃いとなると、叱責の矛先（ほこさき）も鈍るはずだ。そこでつい、曖昧な注意でお茶を濁してしまいがちになる。

しかし、こうした〝甘い判決〟は、本人の成長に悪影響を及ぼしこそすれ、決して好結果には結びつかないのである。

ミスに責任を感じている部下は、立ち直ろうとする姿勢が強い反面、そこから逃げ出せる救いの手が差し延べられれば、すぐにでも飛びつきたい欲求もかなり強い。このような精神状態にある人間に、ただ厳しくミスを責めるのは問題だが、さらに危険なのが安易な慰めである。本来責任を問われるはずのミスが、叱責とは名ばかりで不問に付されたのも同然になるなら、こんなに楽なことはあるまい。今後この人間は、救いを期待し、自己責任に頓着しなくなる恐れさえあるのだ。

ビジネスの現場では、冒したミスにきっちりけじめをつけるのが肝心であろう。叱責することで、まず実刑判決を言い渡す。そののち、もう一度チャンスを与える形で執行猶予をしてやるわけだ。こうした手順を踏むことで、責任を責任として自覚でき、失点を挽回する意欲も湧いてくるのである。

反省をあらわにしている人間を「気にするな」と慰めたくなるのは人情だろう。しかし、それはかえって相手のためにならない。「叱る」と「挽回のチャンスを与える」の二段階でフォローしてこそ、言葉上手といえるのである。

執行猶予は実刑のあとに

○原因を洗い直してもう一度やり直してみろ

○失敗は失敗として、あとのフォローが大切だぞ

X 同期の中で君がいちばん優秀だ

人間の心とは不思議なもので、罵倒語が常に自信を失わせ、賞讃語がいつも自信を与えるかというと、必ずしもそうではない面があるようだ。

ギノットという心理学者が、幼児心理の研究からこのことを指摘している。つまり、子どもは大人から過度の賞讃を受けると、自分がその賞讃に値しないことが暴露されるのに耐えきれなくなることがある。そして、その心の重荷を軽くしようとして、いたずらをしたり、大人に反抗したりする。

日ごろ〝いい子〟だと言われて育った子が突然いじめや暴力に走るケースの裏側には、案外こうした心理があるのかもしれない。

私は、おそらくこれと同じ心理的要因で起こると思われる例を、会社内の人間関係の中でいくつも見てきた。それは、とくに人事管理にさまざまな理論・方法を導入し、社員心理の理解に努めている〝近代的〟な会社に多いようなのが皮肉である。

たとえば、あるスーパーマーケットの店長は、部下に自信を持たせ、やる気をかきたてるのに、昔ながらのアメとムチでは効果が薄いことを知っていた。だから社員一人ひとりの中に積極的にいい面を見出し、それをほめたたえることで社員を動かそうとした。その方法は、おおよそ成功したかに見えたが、しばらくすると社員の中に、妙にオドオドと不安げな態度を示す者が出てきた。

こういう社員を励まそうと、さらに折あるごとに彼らのいい面をほめ続けたのだが、その傾向は激しくなる一方である。店長は方法に迷い、しばらく彼らを放っておく結果になった。すると彼らのオドオドは、ウソのように消えてしまったのである。

人を伸ばそうとしてそのいい面を認めることは大切だ。しかしその讃辞が本人の実力に見合わない過度なものになると、相手は賞讃の水準にまで自分を持っていくことに負担を感じる。いわば、賞讃の言葉でつくりあげられた自分の虚像に対してコンプレックスを抱くようになる。「君は同期の中でいちばん優秀だ」とほめられても、自分がそうだと思えない限り、かえって彼は負担を感じ、自信喪失に陥ってしまうのである。

負担を与えるほめ方をするな

○君はこんな面でいい芽を持っているようだ。大切に伸ばせよ
○君は同期の中では好位置につけているようだ。あとの展開が楽しみだね

✕ 君ともあろう者が

作家の故・富士正晴氏は、人間関係を円滑に運ぶため、〝増点主義〟をとっていたとのことだ。富士氏は、ほとんどの日本人が、たとえ初対面の相手であっても、少し印象がよいと高い点を与えたがると指摘している。だから、相手が期待に反する行動をとると、どんどん減点していくことになる。しかし、これは手前勝手な思い込みであり、知らぬうちに減点される相手も迷惑この上ない。そこで、どんな人でも最初は10点とか20点という低い点で評価しておけば、よいところを発見するたびに点が増えていくから、見込み違いもなくなり、お互いに不愉快な思いをしなくてもすむというのである。

日本人の〝減点主義〟は、ビジネス上の評価でも、しばしば持ち出される。上司が、見どころありと評価した部下を重用するケースは、どこの会社にもある。こうした判断に間違いがなければ幸いだが、期待が相手の現在の能力以上に過剰な場合は問題だ。

この程度なら何なくやってのけるだろうと命じた仕事で、その人間がミスを冒す。他の人なら許されることでも、なまじ点が高かったばかりに、減点も大きいわけである。以後、上司の態度も変わってくるだろう。部下としても、上司の不可解な豹変に疑心暗鬼となり、せっかくそれまで積み上げてきた自信に不安を抱きかねない。

期待する人間のミスを注意する時、「君ともあろうものが」と自覚を促すのは当然だ。しかしそれが、ひょっとしたら一方的な過大評価による減点主義の現われではないかどうか、言葉を口に出す前に、もう一度点検することが必要だろう。

大相撲の九重親方、現役時代の千代の富士が幕内時代、たびたび肩の脱臼グセに泣かされて、やけっぱちになってタバコを吸っていたころ、先代の二子山親方は忠告したという。「お前は上にいく力士だ、タバコはやめろ」。千代の富士はハッとして、この一言で禁煙し、横綱まで昇り詰めた。

この一言は、上司が部下にも活用したいコトバである。「クヨクヨするな」「なんだ、そんなことくらいで」と言ってしまいたくなる時に、「キミのような上にいく人間がそんなことでいいのか」の一言は、全幅の愛情と信頼感のあらわれとして受け取られるだろう。

評価を押しつけるな

○この方法でもう一度やってみてくれ
○君ならもっとすばらしい考えを持っているはずだ

「反復暗示」で伸ばす時

✕君はこれに弱いからな

「タレント好感度調査」を見ると、上位にはいつもほぼ同じ顔ぶれが並んでいる。そしてこのタレントたちには、ある共通した要素が見られるようだ。演じる役柄が誰にでも好感を持たれるものであるとか、男女関係のスキャンダルがないなど、いわゆる清潔なイメージがそれである。

心理学者の研究によると、人間の行動はイメージづけによってかなり左右されるという。さらにそのイメージづけが強ければ強いほど、無意識にイメージにふさわしい行動をとるようになる。このことは、清潔なイメージを売り物にするタレントが、実際はともかく、私生活でもそれらしく振舞おうとすることを見ても分かるはずだ。会社でも、こうしたイメージづけの巧拙が、相手の能力を生かしもし、逆に殺しもする可能性が大いにある。

たとえば、若手のミスを叱る場合に、「君は若いうちからミスのしかたが堂々として大物なみだ。将来有望だぞ」と言うのと、「だから注意しろと言ったんだ。こんなミスをして平気な顔では将来が思いやられる」「また君か、よくミスをしてくれるねえ!」では、相手に与える影響が天と地なのは歴然だろう。

叱られたにせよプラスのイメージづけをされて可能性を認められた人間は、今後の仕事にも張りが出ようというものだ。それにひきかえ、マイナスのイメージづけをされた人間は、一つのミスで能力を将来にわたって否定されたことになる。こうなるとダメージが強く、ちょっとやそっとでは仕事に意欲を燃やすことはできない。

いささか極端なケースであったかもしれないが、現実にもこれに類することはしばしば起こる。人間は、相手に対してあるイメージを抱くと、往々にしてそれを固定化してしまいがちだ。しかし、人間は何歳になっても変化する動物だ。まして、伸びざかりの若手はどんどん変化していく。短所はもちろん矯正しなければならないが、長所は多少誇張してイメージづけしてやるくらいでちょうどよいのである。

英国のかつての名宰相ウィンストン・チャーチルは、「人に何らかの長所をもたせようと思うならば、彼にその長所を背負いこませればよい」と言った。まさに名言だろう。

プラスを発見させる

○君はこれに強いからな

○君はこれをやらせると誰にも負けないからな

個性を生かせない相手に

✕ 君の性格は内向的だからな

人間、何が腹が立つといって、他人から自分の性格をあげつらわれるぐらい不愉快なことはあるまい。もっとも、うんぬんされるにしても、「君がいると部屋がパッと明るくなる」と陽の面を強調されれば、それだけでほめ言葉となり、能力まで評価されたようで悪い気はしない。しかし逆に、「君がいると葬式が一度に3つも重なったような暗い気持ちにさせられる」では、それが本人の性格をピタリと言い当てていれば、なおさら相手をいたく傷つける。

心理学の研究によると、人間を怒らせるのに最も効果的な方法は、相手の性格分析をすることだそうだ。具体的にはまず、「おまえの性格は暗い」と性格を規定する。次に「だから人間的魅力に乏しい」などと人格攻撃にかかる。そして最後に「仕事ができない人間」とステレオタイプ化して（決まり文句のように）決めつけると、ほとんどが顔色を変えて食ってかかるようになるという。

私が企業の管理職研修に呼ばれるたびに必ず強調するのも、やはりこうした言葉を使って無意味な反抗心を植えつけないでほしいということである。とくに「君は性格的に……だからな」

という言い回しは、相手の持っている能力をいたずらに抑圧するから、厳に戒めてもらいたいと念を押す。

本来、仕事の評価と性格は、まったく無関係であるはずだ。セールスの世界でも、外向的な性格の人間が向き、内向的な者が向いていないということは一概には言えない。それどころか、一見口ベタでいかにも消極的な性格に思える人が、トップセールスマンの座を何年も占めていることなど、この世界では少しも珍しいことではないのだ。要は、仕事に取り組む姿勢の問題だろう。

性格が内向的であれ外交的であれ、それのみにスポットを当てて仕事にプラスとかマイナスだとかの判断材料にするのは、まったくナンセンスだ。どちらもその人間の個性なのだから、それをうまくプラスの方向に結びつけ、生かしてやる工夫が必要である。こうした努力をせずに、仕事のミスがいかにも性格に起因しているかのような表現で叱責をくり返しては、信頼関係はめちゃくちゃになる。

否定的規定をするな

○この仕事だったら君の性格にぴったりだろう
○これをやりとげたら、もっと別の可能性が開けるはずだ

×ついでだから言っておくが

親が子どもを叱る場合、注意しなければならない点が二つあるといわれる。第一は、何が悪いのか叱る理由を具体的に示し、子どもによく理解させること。第二は、今やったことだけにしぼって叱ることである。最初の理由は明快だ。子どもは、何が悪くて叱られているか分からなければ、同じことを何度でもくり返すから、結局、叱ったことにはならない。二番目の〝しぼって叱る〟方は、もう少し複雑になる。子どもは、親から前に叱られたことを意外によく覚えていて、自分はもうそんなことはやっていないと自信を持っている。そこに過去のいたずらまで持ち出して、あれもこれもと叱責のおさらいをしては、子どもの心を傷つけてしまう。叱り上手な親は、こうしたデリケートな子どもの心をよく理解しているのである。

すでにお分かりのように、ここで紹介した叱り方のノウハウは、おとなにも応用できるものだ。たとえばあなたが上司として部下の失敗を叱る時に、「ついでだから言っておくが」と、相手の過去のミスをむし返したとしたらどうであろう。たしかに部下は、指摘されるようなミスをかつて冒した。しかし、そのとき叱責されたことは、しっかり肝に銘じているはずだ。今度もしくじりはしたが、それは前とは別の性格のものと考えるべきである。〝ついで〟とは漢字で表わせば〝序で〟という表記になる。意味は「その機会に乗じて」ということ。〝近くに来たついでに寄った〟などと相手に言ったことも多いはずである。自分の都合のよい機会に乗じて言われたのでは、聞く側は身体がいくつあっても足りない。

前は前、今は今ではっきりと区別して叱らなければ、部下は一つミスを冒すと永久に許してもらえないのかと思い、今後、自信をもって仕事に向かえなくなるであろう。それどころか、こんな疑い深い上司のもとでは自分は浮かばれないと、会社に嫌気がさしてしまうだろう。

上司からすれば、細かく注意してやらないと仕事もスムーズにいかないのではないかという〝親心〟なのかもしれない。しかし、叱り方の上手な人間は、相手の能力を伸ばすような叱り方を、ちゃんと心得ているものだ。以前のミスをきちんと教訓にして仕事に生かしているかどうかまで見きわめたうえで、叱る言葉を選ぶ。叱ることに自信を持っているわけだ。逆に、あれもこれもと叱責の追い打ちをかける人は、以前にどう叱ったかさえ忘却の彼方に置き忘れていることに気がついていないのである。

叱責の追い討ちをするな

○以前僕がどう注意したか、もう一度よく思い出してくれ

×すみませんですむと思っているのか

日本は「ごめんなさい」の社会だといわれる。たしかに、何か大事故が起きると、責任者は「申しわけありません」と頭を下げる。被害をこうむった側がまず要求するのも謝罪の言葉である。事故や過失責任問題などで被害者が激怒するのも、補償の額以前に、加害者からきちんとした謝罪がなされなかったからだというケースが多い。ところが、何かにつけて争いを法廷に持ち込む欧米では、事の理非はともかく、公の場で黒白がつくまで決して「すみません」などとは言わない。

日本と欧米の文化の違いだろうが、日本流では、とにかく頭を下げれば何とかなる、という〝約束ごと〟がじゃまをして、一体、何が原因で責任は誰がとるのかという肝心な点がボケてしまいかねない。電車で隣の人の足を踏んだ程度ならまだしも、会社の仕事にこれを持ち込むとなると、いささか問題だろう。

仕事上のミスは誰しも冒すことだから、いたずらに責めても仕方のないケースはある。責任者がひたすら謝ることで、嵐の通り過ぎるのを待つという態度でいるとしたら、厳しい叱責を受けるのもいたしかたない。

ただし、自分の非を100パーセント認めて、どう責任をとったらよいか分からずにいる者にまで、「すみませんで、すむと思っているのか」という言葉で臨んでは、感情をぶつけることに終始するだけで、何の解決ももたらさないだろう。相手の非を鳴らすより、どうしてそんなミスを冒したのか考える材料を与えることが、さしあたっての課題であるはずだ。

親が子どものイタズラを叱る際には、手でやったのなら手を、足でやったのなら足を叩くようにするのが効果的な叱り方だという。つまり、自分のやったことの何が悪かったのかを、子どもに考えさせるわけだ。

ビジネスでも同様だ。一連の仕事の中で、どの部分がミスにつながったのかを指摘してやるのが正しいやり方である。「自分で考えろ」と突き放してしまっては、どこをどう考えてよいか相手は分からず、頭を抱えてしまうだろう。感情に走った叱責は、ミスした当人を萎縮させるだけでなく、組織全体の雰囲気を暗澹(あんたん)とさせてしまう。

叱るのではなく注意する

○気持ちは分かったから原因を考えてみようじゃないか

○原因さえはっきり分かれば、そう気にやむ必要はないぞ

壁にぶつかった相手に

×気持ちがたるんでいるからだ

プロボクシングの選手が、トレーニングに熱が入らなくなる最大の原因は、試合をやりたくないという逃げの気持ちに心が支配された時だという。このような時は、トレーナーをはじめとする周囲の人間が、いくら練習をやれと口やかましく言っても何の効果も期待できないそうだ。肝心なことは、尻込みしている精神を奮い立たせ、自信を取り戻してやることである。そこで、過去にKOで相手を倒した試合のビデオを見せ、お前はこんなに強いのだから誰にも負けるはずがないと、自信を喚起するのだそうである。

人間は誰しも、スランプ状態に陥ることがある。こうした現象は、ある段階からもう一つ上の段階に上がる途中で起こることが多い。いわゆる〝壁〟というやつだ。この壁にぶつかっている状態の時は、得てしてつまらないミスを冒しがちで、本人も、何とバカげた失敗をするのかと歯がゆい思いにとらわれる。

そしてこれをくり返しているうちに、冒頭にあげたボクサーのように、仕事や勉強から逃げたいという気持ちが、心を支配してくるのである。

しかし見方を変えると、現在ぶつかっている壁さえ乗り越えることができれば、力が伸びるのは確実なのだ。会社でも、こうした試練に遭遇している社員はかなりいるだろう。言ってみれば、生みの苦しみをしているわけだから、有能な助産師役が必要となる。あなたはその役回りを果たしているだろうか。凡ミスという現象面だけをとらえて、とやかく小言を言う人は、本来そうしたミスが何を意味しているのか、まったく理解できないのである。

たとえば遅刻がたび重なる相手をつかまえて「遅刻をするのは気がたるんでいるからだ」と一喝するケースだ。たるむ（弛む）とは、だらける、だれる、身が入らない、気が緩む、張りがないといった状態をいう。たしかに遅刻の原因には、気のゆるみもあるが、なかには壁を乗り越えられず、仕事から逃げたい、会社に行きたくないという心理に陥っている人間もいるはずだ。ひょっとすると本人も気がついていないかもしれぬ遅刻の真の原因を理解し、自信を取りもどさせてやるのが言葉の力である。遅刻をはじめとする凡ミスを、ミスという面だけでとらえていたのでは、あなたのビジネス総合力は限界だ。

現象のウラを探れ

○仕事で迷うことがあったら、どんな小さなことでも僕に相談したまえ
○最近ちょっと変調のようだが、何か心配事でもあるのか

✕会社へ何しに来ているんだ

官公庁や団体の弛んだ勤務態度が時折、問題になる。わが社はあれほどではないと人ごとのように思うビジネスマンも少なくないだろう。しかし、もって他山の石とせよである。熱心にパソコンに向かっている新人が実はゲームに没頭していた、しかもバレないようにキー操作ひとつで表計算画面に変わるようにしてあったとか、病的な例ではベテランが昼から酒を飲み、それが水に見えるようにそばに胃腸薬の箱を置いていた、などという話はいくらでもある。

こうした現場を見ると、つい「会社へ何しに来てるんだ」と言いたくなるが、こうした手合いには、このセリフはまったく利かないようだ。ある管理職は、勤務時間に競馬の予想を声高にやっていた部下に向かって、「会社に何しに来てるんだ」と言ったところ、すまして「競馬」と答えたという。さすがにこの上役も怒り心頭に発し、「うちの会社は、競馬に金を払ってるんじゃないっ！」と怒鳴りつけたそうだが、その後も状態はあまり変わっていないという。再三、このセリフを吐かねばならなかったそうだ。

この上司がしみじみもらしていたことは、「〝会社へ何しに来ている〟などと言わねばならない自分が情けない。新入社員はこういう叱責を受けると、あわてて仕事に精を出すが、少し慣れてくると、〝会社へ何しに来ている〟という言葉に、すまして〝仕事〟と答えるようになる。〝競馬〟と答えるよりはましかもしれないが、かえって開き直っているようでもある」ということだった。

たしかに、「会社へ何しに来ている」というたぐいの、会社員にとってはあまりにも明白な問いかけは、あまり効果がないことが多い。それは、こういう表現は、実は問いかけでなく注意の喚起だが、聞く側にとっては、自分たちがいかに信頼されていないかの表現と受け取れるからだ。

「こんなセリフを吐かねばならない自分が情けない」と言った先の上司も、無意識のうちに部下へのそうした不信感のかたまりになっていたのではないだろうか。この不信感を相手は敏感に感じとり、居直ってしまったとも考えられる。皮肉やあてこすりにとられない一言を選ぶべきなのである。

あいまいな叱責はするな

○会社は仕事以外のことに金は払わない
○自分が可愛いかったらマジメにやれ

X 会社に入って何年になるんだ

日本的経営の柱とされてきた年功序列制度は崩壊したと、ひところしきりに喧伝されたものだ。たしかに、かなりの企業で実力本位制が取り入れられ、単なる肩書きだけのポストも少なくなった。だが、これは年功序列にあった欠陥を正すための改革であり、これをもって、年齢や社歴、経験年数といった要素を無視してよくなったわけではないだろう。

というのも、年功序列はうまく運用すれば、組織力を強化する非常にすぐれたシステムなのである。古い話だが、かつての日本軍では将校や下士官といえども古参の上等兵には一目おいたという。これなど経験年数が階級以上にものをいった典型的な例だ。これによって少なくとも戦闘の現場は、官僚的硬直化をかなり免れていたのである。

それに、日本は伝統的に上下の人間関係を重んじるタテ社会だ。この風土が変わらない限り、アメリカ流のドライな人事を単純適用すると、組織の序列そのものが崩壊しかねない。人事や昇給などは、年功序列を基本に、実力実績を加味するやり方が今でも有効なのである。

ところが、この暗黙の了解ともいえる秩序に不用意な波乱のタネをまき散らす一言がある。

「会社に入って何年になるんだ」「何年、ウチの部署にいるんだ」などという言葉である。こういう言葉を口にする人は、相手の閲歴を十分とは言わないまでも、年数や職歴は知っているわけだ。それを敢えて口にする。

上司が部下を叱責する場合はもちろん、同僚同士の会話で、あるいは部下が上司を陰で批判する時、こんな一言を口にするようでは、人間関係を自分で壊しているようなものだ。

たとえ奮起をうながす善意から出たとしても、相手には相当な衝撃となって伝わる。ことに、あまり自信のないタイプだったり、実力があるのに運わるく昇進が遅れている人の場合、ショックは大きい。彼にとって最後の拠りどころであるべき年功が足もとから崩されるからだ。

言われた当人だけではない。周囲の人間もこの言葉が会社の土台を揺さぶるものであることを潜在的に知っており、「無神経な発言だ」ととらえるはずである。「そういう自分は実力100%で仕事をしているつもりか」と切り返されてしまうだろう。相手のプライドを傷つけ、自分自身をスポイルする発言の典型である。こういう言葉は、それが自分にそのまま向けられた時、どうなのかを考えてから言うべきなのだ。

タテの秩序を守れ

○君もいずれ僕の立場になるのだから気をつけてほしい

✕いい年をしてこんなことも分からないのか

大きな社会的事件が起きると、容疑者の親が〝責任をとる〟という風潮が日本には残っているようだ。公の地位を辞したり、悲惨な場合は自殺に至ったりする。欧米では、個人がどんな破廉恥行為に及んでも、その親の人格や能力とは無関係だから、それを理由に社会的責任をうんぬんされることはない。しかし日本では、親は、子どもの教育も満足にできないのにのうのうとするのかという〝社会常識〟や〝道徳観〟によって集中砲火を浴びがちである。

このように、日本人の社会的行動は常に他人の目で律せられている。したがって、日本人がもっとも恐れるのは、社会的常識や道徳をタテにとって攻撃されることだ。

卑近な例をあげれば、親が子どもを叱る時に使う、「そんなことをしたら、みんなに笑われますよ」という言葉がそうである。親が他人の目を恐れるから、子どもの行動も他人の目を借りて規制しようとするのである。

「子どもも三年経てば三つになる」という諺がある。肉体的・精神的に年齢にふさわしい成長があるということだ。私たちは人の成長や識見・行動・力量などを量るとき、年齢をモノサシにする傾向がある。会社も一つの社会であることに変わりはないから、子どもを叱るのと同様の理屈が使われることがある。たとえば、年上の人を叱る時などの「そんな年になって何だ」とか「いい年をしてこんなことも分からないのか」という言葉がその好例だ。仕事上のミスは、たしかに責められるべきである。それなりに経験を積んだ人間が、新人のやるような失敗をした場合などなおさらだ。

しかし、「いい年をして」式の叱責の背景には、「君くらいの年になってまだこんなことをしているようでは、社会人としての常識に欠け、人格までも疑ってしまう」という〝他人の目による制裁〟の要素がかなり強くある。これでは当人を、反論不能な立場に追い込むことになってしまう。さらにこの一撃は、本人が自信の拠りどころとしているキャリアを、根こそぎ突き崩す。たとえミスがどれほど大きくても、ここまでやる必要はあるまい。

俗に〝罪を憎んで人を憎まず〟というが、できるビジネスマンは、〝ミスを憎んで部下を憎まず〟という気持ちを徹底させることができる人である。

ミスを憎んで人を憎まず

○ミスの原因は君がいちばんよく分かっていると思うが

○手慣れた仕事だから、うっかり見逃してしまったのだろうがね

注意したのに失敗した相手に

✕だから言ったじゃないか

「だから言ったじゃないか」という一言は、日常ひんぱんに使われる。失敗を責める言い方の最右翼といっていい。だからといって、この言葉を不用意に多用していいとは限らない。ほかの項目にもいえることだが、発する言葉の表面的な意味、意識された目的の裏側に、実は自分でも気づかない潜在的な意図が隠されていることがままあるからだ。

この言葉は、あらかじめ念を押してあった事柄でのミスを攻撃する時に使われる。「担当引き継ぎの時、Aさんは法律に詳しい人だからと言ったじゃないか」というような場合だ。ミスとしては、攻撃される側に明らかに、分がない。だからこそ、「だから」という、論理をタテに取った言い方が出てくるのだ。

しかし、ここでちょっと考えてほしい。この言葉が、本当に仕事の円滑化、問題の解決といったビジネスマンの責務の遂行のみを願ったものだと言い切れるだろうか。この言葉を発した本人の意識にはのぼっていないかもしれないが、実はこういう場合、「僕は事前にちゃんとこの点の念押しをした。だから、悪いのはその通りにしなかった君のほうだ。したがって、僕はこの件に関して責任はない」という、論理に偽装された自己弁護、責任逃れの気持ちが隠されていることが少なくないのである。

本人は気がついていなくても、言われた相手や周囲の人間は、こうした責任逃れを敏感に感じ取る。

言われた相手は、言葉の圧力が強いほど、またミスが大きいほど、もともと分がないだけに意気消沈し、「どうせオレが悪いんだ」とヤル気を喪失してしまうだろう。

周囲の同僚や上司も、発言者に対して「たしかに悪いのは彼だが、責任をうんぬんしたところで、起きたミスはしょうがないじゃないか」「大切なのは挽回策だ。なぜ〝僕の言い方が足りなかったのかもしれない、同行するからすぐ処理しよう〟の一言が出ないのか」と悪感情を抱くのはまちがいない。

伸びるビジネスマンは、自分の責任逃れを優先しない。結果が大切であり、責任うんぬんは、釈明を要求された時に初めて口にすればいいことなのである。

責任より解決優先

○僕の言い方が足りなかったかもしれない

○十分配慮して失敗したとしたら、原因追求こそ大切だ

叱責を聞かない相手に

✖ 何度同じことを言えばいいんだ

最近はほとんど見ることも少なくなったが、会社が社員に対して発した警告に、以前は廊下やトイレの「ガムを噛まないこと」「タバコの吸い殻は灰皿に捨ててください」などの張り紙があった。こういう注意書きの多い職場ほど、不思議と違反者が多い。最大の傑作は、某社の女子社員に対する「退社30分前に帰宅の準備をしないこと」という洗面所の注意書きであった。彼女たちは、この張り紙を横目で見ながら、「40分前ならいいのよね」と以前にもまして早めの帰り支度に余念がない。

「違反者が多いから、くり返し注意すると、逆に違反者が増える。お手あげですよ」と責任者は口をそろえて言うが、私に言わせれば、注意する方が、これでもか、これでもかと躍起になるから違反者がかえって増加するのである。

同じことを何度も言われると、次第に刺激が薄れ、何も感じなくなるのが人間というものだ。「耳にタコができる」とよく言うが、最初は緊張して拝聴した言葉でも、3度4度とくり返されるうちに、「また始まった」とばかりに〝馬耳東風〟と聞き流すようになる。そればかりか、あんまりうるさいから、ちょっと注意されたルールを破ってみよう、などという天邪鬼(あまのじゃく)な気持ちにすらなる。

これは、会社の規律や風紀に関してはもちろん、仕事の手順、やり方においても同様である。すなわち、「さっき言ったばかりじゃないか」「いったい何を聞いていたんだ」という前置詞(?)が続いたあとに、「何度も同じことを言わせるな」というセリフは、本人の指示や命令のしかたに工夫・進歩がない証拠なのである。周囲の人間から「〝何度も同じことを言わせるな〟と何度も言うなよ」と冷笑されてしまうだろう。

子どもの三日坊主を直すには、緊張や興味の糸が切れそうなポイントごとにチェックするやり方が効果的だという。毎日うるさく言われると慣れっこになってしまうが、気がゆるんだ瞬間に一喝されると、ハッと緊張を取り戻すというわけだ。何度注意しても同じ過ちをくり返す人間は困りものだが、一度注意したらしばらく自主性にまかせ、相手の行動パターンをよく観察するのがよい。

注意のしかたを改めよ

○前にも同じことを言ったかもしれないが
○もう一度だけ言う

ウマの合わない相手に

×だから君はダメなんだ

人間は適応の動物であるといわれる。最初はどんなに厳しく感じられた環境でも、それに繰り返し接すると、厳しいと感じずに受け入れるようになってしまう。酷暑の地、極寒の国に赴任した人も、第1日目に感じた耐えられないような暑さ寒さを、1カ月、2カ月と経つうちにそれほど感じなくなる。体も心も、耐えられるように慣らされていってしまうのだ。

こうした人間の適応力は、環境との共存という大きなメリットを持つ半面、いわゆるマンネリズムとか、新鮮な感受性の喪失というデメリットも免れない。かなりの刺激臭を持つ有毒ガスも、少しずつ漏れていると、その臭いに慣らされ、生命に危険を及ぼす濃度になっても気づかない場合がよくあるという。

人間関係における心理的な環境の変化も、この例外ではない。ビジネスでの叱責や説得のしかたにも、この点をよく考慮に入れておく必要があるだろう。ウマの合わない相手にはつい露骨な叱責を加えがちだが、この点とくに要注意だ。というのも、最初は衝撃力の強かったセリフでも、十年一日のようにくり返していたのでは、効果は日に日に鈍くなり、ついには〝馬の耳に念仏〟の様相を呈するようになってしまう。

心理的にソリの合わない相手が肝心なところで失敗したとする。つい「だから君はダメなんだ」というどぎつい非難が口をつく。初めは相手は恐縮するだろうが、その後もくり返し同じセリフを聞かされるうちに「また始まった。もう聞きあきた」と何の反応も示さなくなる。こうして、叱責するあなた自身も「口汚い人間」というレッテルを貼られてしまう。

〝だから〟というコトバは論理的に帰結として使う。たとえば、上司から命じられた仕事が完成せず、それを釈明する時、「カクカクの仕事が急に入りました。だからこの企画にはまだ手をつけていません」と。だが、ウマの合わない相手にこのコトバを発する時は、論理的帰結よりも心理的反発として、すなわち往々にして押しつけがましいとして相手に受け取られやすい。なかには自分の発言の効果を確かめたいのか、さまざまな強調語を加えて発せられる。「それみろ、だから言わんことじゃない。オレの注意を軽く考えているから、こうなるんだ。まったく君はダメな男だねぇ」と。

悪い暗示の言葉を使うな

○今度は何が原因で失敗したのだ
○次は絶対ミスしないと信じてやってみろ

X 親の顔が見たいよ

懇意にしている寿司屋の主人が昔、「毎年四月になると腹が立つことがある」とこんな話をしたことがあった。

「息子が学校からもらってくる家庭調査書とかいうやつがあるでしょう。家族構成なら分かるけど、何で親の最終学歴とか収入なんて書かなきゃならんのだろう。エリート社員の父親と良家育ちの母親の家ばかりじゃないよ。プライバシーの侵害だよ、まったく」

相当の剣幕で彼はまくし立てていたが、同じような意見を持つ人も多かったらしく、新聞や雑誌の投書欄でもたびたびお目にかかり、現在では改善もされていると聞く。生まれ育ちや家庭環境の良し悪しで子どもを差別するわけではないだろうが、家庭によってはひとに触れられたくない部分もあり、こうした意見も無理からぬものに思える。

日本の社会では、家族制偏重の風潮が強いせいだろうか、何か事件が起こると、必ず犯人の家庭状況が取り沙汰されるのはその好例かもしれない。親が資産家だとか、母親が不在がちだとか、事件との因果関係を無理やりつくりあげてしまう。親は親、子は子という論理は、あまり成立しないようである。昔は子どもを見れば親が分かる時代であった(!?)。今もこの傾向と親子の因果関係は残っているが、血縁よりも地縁・職場関係・友人関係等で人柄が醸成されていくようだ。

そんな社会批判は評論家の先生にお任せするとして、問題なのは、会社の中でも、親や家庭を引き合いに出した言葉がやりとりされる場合がままあるということである。その代表が、「親の顔が見たいよ」「今までどんな育てられ方をしてきたんだ」という言葉だ。とりわけ相手の考え方や行動が職場のルールや従来の慣行からみて許しがたいと感じた時など、「職業人としての自覚がないというか、まったく親の顔が見たいよ」とあきれ顔で怒鳴る。

むろんこの言葉は、相手に自覚をうながすために発せられるものであり、親を非難する気など毛頭ないだろう。なかには、両親に申しわけないと気づかせ、親のしつけや育て方を思い出してほしいという思いやりから〝親〟に言及する場合もある。しかし、いずれにせよ、この言葉を受けた相手は、自分が組織のお荷物扱いされていることには気づかず、「親や家のことなど自分の仕事とは関係ない」と腹を立てるだけだ。

私でなく公をとりあげる

○会社には会社なりの守るべきルールがある

ミスの多い有望株に

✕それでよく大学に入れたな

「仕事といえば雑用ばかり、これじゃあ何のために大学を出たのか分からない」とグチをこぼす新入社員が、どこの会社にもいる。いわゆる〝一流大学〟を卒業した人間ほど雑用をバカにしてエリート風を吹かせる。そのくせ、外回りに出せば顧客を怒らせる口のきき方をするし、パソコンを使わせればファイル管理がめちゃくちゃといった、およそ大学出とは思えない仕事ぶりで、周囲をあきれさせる場合が少なくない。

こんな時、「それでよく大学へ入れたな」「大学で何を勉強してきたんだ」と叱りつける人がいる。そして、新人がちょっとミスをするたびに、この言葉をくり返す。「学歴で仕事はできない。会社は実力本位だ。これまでの甘えを捨て、早く一人前になってほしい」という親心からなのだろうが、その親心はアダとなる。

というのも、この言葉によって、新人が持っている隠された能力やパワーが引き出されずに、そのまま閉じ込められてしまう恐れがあるからだ。

たしかに、雑用も立派な仕事であり、それすら満足にこなせないようでは、ビジネスマンの資格はないかもしれない。その意味では、「大学で……」と言いたくなる気持ちも分かるが、学歴と仕事とは無関係と指摘するなら、学歴に言及した言い方は避けた方がよい。

微分・積分が解けても、西鶴や近松に詳しくても、それだけで仕事ができないことくらい、当の新入社員自身も知っている。優秀な成績で大学を卒業した人なら、偉そうな口をききながらも自己嫌悪に陥っているかもしれない。それを大学、大学と叱責されたのでは、「大学は教養を身につける場所、仕事のやり方を教わるために大学へ行ってたわけじゃない」と考えずにいられなくなるだろう。

学生気分を断ち切り、その人間の長所や個性を最大限に仕事に生かすためには、仕事そのものを通して指導していくことが肝心だ。

もちろん、このようなことは新入社員に対してだけではなく、誰に対しても言えることである。相手の隠された能力を眠らせ、宝の持ちぐされにしてしまうのは、もったいない話と言うほかない。

ミスだけをとりあげよ

〇小さなミスだからといって軽く考えてはいけない
〇大胆にして細心、それが仕事を成功させる秘訣だ

口だけで態度を改めない相手に

✕ 反省だけならサルでもできる

何十年か前にムラサキ次郎という猿が、台に片手をついてうなだれる〝反省ポーズ〟でヤンヤの喝采を浴びたことがある。ついにはテレビに出演し、「反省だけならサルでもできる」というCMまで生まれた。

そのころ、このセリフに「これだ」と飛びついたのが、ダメ人間たちである。相手の反省が口ほどにもないと見るや、得たりとばかりにこのセリフを発したものだ。相手はさすがに「いくら何でも猿とは」とムッとしたまま引き下がっていたようだ。

相手はただでさえ反省不足なのである。こういう言い方では、ますます真の反省をしなくなり、「反省ポーズ」を演じ続けていくだけになっただろう。

反省とはポーズや言葉ではなく、その後の行動に反省を生かすことなのだ。叱る時、相手の反省に嘲笑を浴びせてはならない。あくまで具体的に迫るべきなのである。

反省をせせら笑うな

○どう反省しているのか、僕が納得できるよう具体的に説明してくれ

第5章

こんな言葉で「報告」「提案」の評価が違ってくる！

たとえば

提案を却下する時

✕一応、考えておこう　→　◯検討するが期待しないでくれ

✕ 一応、考えておこう

次項でも触れたが、日本では昔から、相手の言い分を拒絶する時は遠回しであいまいな表現を使うことが美徳とされてきた。面と向かって拒絶するのは、相手の立場を無視したり傷つけたりすることになるというわけで、極端な場合、反対の意味の言葉が使われることもある。

私はこうしたあいまいな表現、本来の意図とは反対の表現を、〝言葉の陰〟と呼んでいる。人間関係をスムーズに保つには、この〝陰〟が意外に大きな役割を果たしているのだが、最近は言葉の陰を理解しない人間が増えている。だから「一応、考えておこう」「一応、目を通しておこう」と言われて、その言葉を額面どおりに受け取ってしまうことが多い。そして、当然のように後日「先日の件、お考えいただきましたか」と返答を迫ってくる。

言外の意味を聞きとってくれたと思っている当人は、こうした態度に目を白黒させて、「いや、もう少し待ってくれ」などと言葉を濁してその場を取り繕う。

上司はしばしば、嘆き不満を洩らす。「私が今どうしてほしいかを、なぜ読み取れないんだ」「まったく察しが悪い。いちいち言わなければ分からないのか」「オレの顔色で分かりそうなものだが……」と。オレのコトバや態度の端々から真意を汲み取れ、と言っているのである。

確かに部下は、新入社員ならいざ知らず、上司に半年以上も仕えているなら、阿吽（あうん）の呼吸で動かなければならないだろう。マニュアル通りにしか動かない（あるいは動けない）教条主義者（categorian）や、自分の主観だけで判断する独善家（dogmatist）が疎まれるのは、上司の言動の裏を読めず、したがって気くばりに欠ける。すなわち上司からすれば猫(cat)や犬(dog)にも劣ると見るのである。やがて、拒否の結論を言外に含ませたことを、相手が分かっていないと気づき、次には「君の提案は箸にも棒にもかからない」と決定的なパンチを食らわせざるを得なくなる。相手にも自分にも不幸な結果になるわけだ。

正確な報告・連絡・相談や提案・意見具申は日常業務のかなめである。ところが、一見単純な事実の伝達ひとつをとっても、言葉の使い方ひとつで仕事や人間関係がこれだけギクシャクしてしまう。言葉の陰が分からない相手には「検討するがまずダメだろう」と、陰の部分にも日を当てる必要があるのだ。

伝達業務でも、相手によって一言多くしたり少なくしたりの機微を見なければならない。

あいまいにするな

○検討するがあまり期待しないでくれ

即答できない提案に

✕善処しよう

アメリカなど外国と交渉したり共同声明を出したりする時、言葉の微妙な解釈が食い違うことがしばしばある。外交担当者としては、日本国内のデリケートな事情を察しない相手に、文句の一つもつけたい気持ちであろう。

言葉は自分の意思を第三者に伝える道具だから、正確かつ論理的な使い方を心がけるべきだろう。しかし、ときには相手の事情を察して、ストレートな表現を避けて、婉曲（えんきょく）な言いまわしをしなければならないことがある。言葉の裏に隠されたこちらの気持ちを察しろ、というわけだ。

こうした表現法はもちろん外国語にもあるが、日本語には飛びぬけてこの手の表現法が多い。外国人に言わせると、〝あうんの呼吸〟などは、言葉そのものを訳すだけでも一苦労するらしい。日本語には、このほかにも本来の意味どおり正直に解釈すると、とんでもない間違いになるという不思議な言葉がたくさんある。

昔、殿様は家老たちから伺いを立てられると言ったものだ。「苦しゅうない、良きに取りはからえ」と。〝善処しろ〟ということだ。現代でも、国会の答弁で大臣や官僚がさかんに口にする「善処いたします」という言葉など、その横綱格と言ってよい。「善処する」を文字どおり解釈すれば、「よく処理する」ことになる。しかし普通は、この言葉が使われる時は、いつ、どこで、だれが、どういうように「よく処理する」かが明確にされない。使う側としては、むしろ明確にしないところに意思の表示があるとするのだ。ありのままに言えば、要求に対し具体的に何かができるのならはっきりそう言うが、できないし、するつもりもないのでこの言葉を使う、というわけである。

要するに、そのあたりの事情を察するようでなければ、大人ではない、というところだろう。会社の中にも、この手の言いまわしをする人間が珍しくない。しかし、正確さを重んじるビジネスで、こういう〝察しの美学〟を多用するのはミスのもとである。さらには、相手から「やる気があるのか？」と疑われる原因ともなる。即答できない時は、返事をする日時を限るべきである。待つ身のつらさを相手に味わわせてはいけない。

日時を区切れ

○僕が預かっておいて□□までに返事をしよう
○すぐに結論が出せないから□□まで待ってくれ

上からの無理難題に

✕うちの上司も困ったもんだ

あなたが上司だとして、たとえば部下が「主任、今度課長から出た販売目標ですが、あの数字でいいんですか。ずいぶん無理難題を吹きかけてきたものですね」と言ってきた時、どう答えるだろうか。

「会議でさんざん討議して決定されたことだ。無理が無理でなくなるよう頑張ろうじゃないか」と答えるか、「会議では徹底的に反対したんだが、課長に強引に押し切られてしまったよ。まったくうちの上司にも困ったもんだ」と言うかでは、部下に与える影響はまったく違う。もちろん、一見部下の気持ちを汲みあげたかに見えるあとの答えでは、中間管理者失格と言わねばならないだろう。

こうして二つの答え方を並べてみれば優劣は明白だが、実際の仕事の現場では、後者に類する態度を示す中間管理職が決して少なくないのである。

管理者同士で意見が食い違うことはある。むしろそれが当然だ。違う意見を激しく闘わせてこそ、よい結論が得られるのはどんな場合も同じだ。上からの指示が納得できなければ、執拗に食いさがってもよい。むしろ、部署の責任者として、イエスマンにならず、部下のためにも意見を闘わすべきだろう。会社や上役に批判があれば、申し立てればいい。

しかし、こうした対立や批判を、部下の前で口にするとどうなるか。批判の対象がいないところで批判するのは、サラリーマンのもっとも美味な酒の肴だ。新入社員や平社員がそうするのなら、まだ気負いとか、抑圧の吐け口として冷笑されて済むが、管理・監督者がそうすると、もう笑って済む問題ではなくなってくる。単位組織の中で、上司とその上役はリーダーシップを握る者であり、部署内の〝小さな経営者〟なのだから、お互いに悪口、陰口をたたき合っていたら、部下はそれを、リーダー間の内部分裂や〝お家騒動〟と受け取りかねないのである。

部下は、こうした上司の足並みの乱れを、「いつ方針変更という形ではね返ってくるか」という不安として受け取る。さらには、部下の前で負け犬の遠吠えを聞かせる上司に不信感を募らせてしまうのである。

部下の前でグチをこぼすな

○とことん話し合ったから、最終的には課長の決断を僕は信じるよ
○部長はさすがに僕と違った考え方をされている。期待に沿うよう努力しよう

✕ 部長の耳に入れておかなければ

西南戦争で敗れ、城山で自刃した西郷隆盛は、いわゆる太っ肚な人物の典型だったといわれている。彼は、自軍が崩壊寸前だというのに、陣中で黙々と碁を打っていたという伝説の持ち主だが、スケールの大きいリーダーとして今も熱烈な心酔者が多い。こういうタイプのリーダーは、欧米には決してあり得ない。欧米では、指導者は必ず軍の先頭に立って指揮する伝統があるからだ。日本は違う。トップは参謀や将校にすべてを任せ、ただそこにいるというだけで存在感を発揮する。彼が動くのは論功行賞の時である。

企業内においても、部下が求める理想の上司は、おおむね西郷タイプの人物である。というのも、こういう太っ肚な人物の下にいれば、部下は些細なことを気にせず、存分に働くことができる。また、結果がたとえマイナスに出たとしても、最終的な責任を上司がとってくれるわけだから後顧の憂いがない。

しかし、世の中全体が欧米化した現在は、企業にこうした人物を求めることが難しくなったのも事実だ。むしろ、部下の先頭に立って働くかわりに、責任のとり方もせちがらくなりつつある。たとえば、何かにつけて部長の名前を出す課長、自分の印を押したがらない係長、決裁はしてくれたが「一応は常務の耳に入れておこう」と付け加える部長などにしばしばお目にかかる。

もちろんこのタイプは、最終的な責任をとるつもりは毛頭なく、上役の名をかりて体よく逃げを打っているのであるが、こうした人物に限って、部下や同僚の責任は厳しく追及するという癖を持っていたりする。

したがって、このような上司の場合、部下から見て頼りないことおびただしいばかりか、いっそ一段階とび越して上司の上役に直訴した方が早いと考えるのもやむを得ない。こうした上司は、部下との信頼関係をなくすばかりか、上司本人の権威をも著しく低下させることになる。部下と接する時は、あくまで自分の責任と権威のフィールドを守るのが基本である。「この件に関して最終責任を持つのは自分だ」という認識を持ち、部下にもそのことを強く打ち出すのが上司というものなのだ。

責任の所在を示せ

○あとは僕に任せてくれたまえ
○あとの責任はいっさい僕がとろう

✕君がいいと思うならいいよ

すぐれたスポーツ選手には、必ずよき指導者がついている。というより、よき指導者があって初めて、すぐれた選手が生まれる。

職場におけるコーチは、いうまでもなく先輩社員や上司である。組織にいい意味での緊張感を与え、仕事への情熱や意欲を高められるかどうかは、ひとえに彼らの手腕にかかっているわけだ。私自身の長い経験から言っても、有能で信望も厚い何人かの人材がいる職場では、全体の空気がピンと張りつめ、全員の仕事にかける意気込みが、こちらにまで伝わってきたものだ。

ある会社の営業部は、その正反対だった。ガヤガヤ騒々しいだけだったり、逆にお通夜のように妙に静かだったりして、熱気が感じられない。何気なしに課長と部下のやりとりを聞いていて、私はあることに気がついた。それは、この課長が二言目には、「まあ、君がいいと思うならいいだろう」と口にすることだった。その言葉を聞いた部下たちは、「そうですか」と顔色も変えずに席に戻って行く。

この言い方は、要するに、相手の意思を尊重しているように見せかけた巧妙な責任逃れである。「君の好きなように」の言葉の裏に、「そんなこと無理だよ。やれるならやってみるがいい。失敗するに決まっているよ」という彼の本音があるのは明白だ。

こんな言葉を投げかけられて「それでは私の好きなようにやります」と部下が言えるわけはないだろう。部下が顔色を変えずに席に戻ったのも、「いつもこうだ。ああ言われたら何もできやしない」という諦めからだったのかもしれない。

他人に物事を押しつける時の論法に、よくこのコトバが使われる。〝態（てい）のいい（他人に聞こえがいい）〟押しつけでもある。まともに言ったのでは聞いてくれそうもないという不安を、威光暗示という形ですりかえるのか、これだけキミのことを考えているこちらの身にもなってみろという〝善処の押し売り〟か⁉。手の混んだ人になると次のようにも言う。「キミのためを思って言ったまでだが、もちろん、イエス・ノーはキミの問題だからな。だから私の言ったことにこだわる必要はないが、とにかく私の気持ちだけは汲みとってほしい。な、分かるだろう……」と。

相手を尊重するやり方

○これがいいと考える理由を聞こう
○責任は僕がとるから、思い切ってやってみるといい

急な提案に

×あとにしてくれ

「さよなら」という挨拶用語は現在では〝死語〟になったようである。道端、会場、店先などで出合った二人が別れる時のコトバは「じゃ、どうも」「あ、どうも」とか、親しい者同士が中年の婦人同士なら「じゃァ、ネ」「じゃ、またね」「じゃ、あとでネ」という挨拶用語が多い。そしてこういう言葉をかわして、それぞれが立ち去るかと思うと、またそこで長々と話が始まる。どちらかに連れの幼児でもいると、子どもは待ちくたびれて「あとでと言ったって、ちっともあとになっていないじゃないの」とぐずりはじめる。

よい企画、発想を思いついた時、早くそれを評価してもらいたいと思うのが人情だ。話しかけた相手から「あとにしてくれ。今忙しいんだ」と断られたら、気勢がそがれることおびただしい。

忙しい相手の手を休めさせてまで自分のアイデアを聞いてもらいたいと思うからには、それなりの覚悟はあるはずだ。いわば真剣勝負を申し出ているのだから、これを受けてやらなければ勝負はお預けになってしまう。企画の評価だけではない。仕事上の報告や連絡の場合も同じだ。とにかく、ひとまず相手の方に顔を向けることが大切だ。

もし、どうしても手が離せなければ、〝あと〟何分待てばよいのか、その時間をはっきり示すことだ。10分待ってくれ、1時間待ってくれと、時間を示されれば、相手の緊張感はその間持続されるはずだ。それが〝あとで〟というあいまいな表現をされたのでは、「君の話なんか、聞きたくない」とコミュニケーションを拒否された気持ちになるだろう。「今忙しい」という言葉の中には、「暇になったら聞く」という意味も含まれている。せっかくの提案が、暇つぶしの材料に使われたのでは、二度と話しかける気持ちを持たなくなるだろう。

相手の仕事ぶりやアイデアを日ごろから尊重しているのなら、それなりの態度を示さなければ相手は納得しない。暇になった時に聞いたあげく、あれこれ注文をつければ、素直に注文を取り入れる気も失う。

「あとにしてくれ」と言っているうちに相手の心は離れていってしまう。こんなセリフを吐くあなたが上司であれば信頼は失われ、あなたが同僚であれば「頼りにならんやつだ」と存在を無視されるビジネスマンになってしまうだろう。

気勢を大切にせよ

○3分間で君の考えを言ってみてくれ

意外な報告に

✕ そんなやり方どこで覚えたんだ?

ある銀行の若手行員研修で本人から聞いた話だ。A君は新規開店した支店の得意先係である。そこに有力な潜在顧客B氏がいた。先祖伝来の土地を切り売りして大金を持っているという情報だし、マンションも経営しているが、ガードが堅くて食い込めない。支店長すら歯が立たなかった。A君は「私にやらせてください」と申し出た。だめでもともと、支店長はB氏の地域をA君に任せることにした。

ところが1カ月ほどでA君は、B氏からびっくりするような額の預金を契約できたのである。A君は嬉しかったが、それ以上に支店長が驚喜してくれるのが誇らしかった。問題はそのあとである。

終業後、支店長室に招かれて労をねぎらわれた時、支店長はこう言った。「そのうまいやり方を、どこで覚えたんだね?」。A君は冷水を浴びせられたように気力が萎(な)え、到底この人にはついていけないと思ったという。セリフの裏に、支店長の傷ついた自尊心と嫉妬をまざまざと感じたからである。

人間は誰でも向上欲がある。ライバルや優秀な人間が身近にいれば、その欲はますます刺激され、努力も具体的になる。ところが、相手がこちらを遥かにしのぐ業績をあげると、向上欲よりも嫉妬心や羨望がむらむらと湧きあがってくるのが人間の心理だろう。そんな時、傷ついたプライドを回復しようと、皮肉の一つも飛ばす人が少なくない。

「そのやり方、どこで覚えてきたんだ?」（君にしては上出来だね）

「うまいことやったもんだ」（どんな手を使ったか知らんが、大きな顔をするなよ）

こういう一言も親しい同僚からなら実害は少ない。拳骨（げんこつ）でコツコツ頭を叩いて、「君とはここが違うさ」「よく言うよ」と笑い話で終わる。

しかし、あなたが肩書やキャリアで相手より上の立場であるなら、こんな一言は致命傷になる。言われた側は「痛くもない腹を探られているのではないか」「内心、疎（うと）まれているのだ」と感じ、萎縮してしまうだろう。

意外な朗報に接した時には、まず功績を素直に認めることである。

功績をけなすな

○日ごろの努力が実ったんだ。これからも頑張れよ

○いいところに気がついたね。さすがに君だ

ひとりよがりの提案に

×よけいなことをするな

セブン&アイ・ホールディングスの総帥(そうすい)(現在は名誉会長)伊藤雅俊氏は、自著『商いは心くばり』でこう言っている。「仕事の工夫をする場合、自分で考えることは大事」だが、「チームプレーであることを考えたら、ひとりよがりは禁物」である、と。

新入社員には、入社早々の緊張も解け、どうやら仕事に慣れて余裕が出てきたころ、なかには、先輩社員の仕事に批判めいたことを言い出す者が、どこの職場にもいるようだ。「こうした方が能率的ですよ」「この方が新しいやり方です」と。こういう時の新人の顔は誇らしげでさえある。

たとえば居留守を使って電話に出たとする。留守の言いわけのコトバで最も無難なのは〈外出中〉と〈会議中〉だ。「申しわけありませんが○○はただいま外出中(会議中)でございます」と伝えれば、それで十分なのだ。「○○は本日忙しく各社を回っておりましてハイ」とか、「本日の会議は長びく、とのことでして……」などと、言わないでもいいことを言いわけする。本人は自分の言明に信憑性を持たせようと気を配ったつもりでいるらしいが……。

一般社員にも、仕事熱心でチームワークを心がけようとするあまり、仕事を先まわりして手伝おうとしたり、問題をそれとなく処理しようとしたり、縁の下の力持ち的な役割を果たそうとする人間がいる。

こういう工夫、態度は大切であるし、彼ら彼女らの提言や協力が適切であれば言うことはない。しかし、たいていはビジネスの全体を見ているわけではないから、かえってチームの足を引っ張ったり、妨害条件をつくりだしていることが少なくない。

こういう時、つい「よけいなことをするな」「よけいなことを言わないで」とピシャリと言ってしまいたくなるものだ。年輩者だったら「自分の頭の蝿(はえ)を追え」「ひとりよがりなことをするな」。つまり他人の世話を焼くよりも自分の本分をしっかりやれと言うだろう。

ひとりよがり（独り善がり）とは、自分では良いと思って（独善）人に親切に接したり、好意を示すことが、それを受け入れる人にとっては、かえって迷惑になることをいう。

だが、ひとりよがりを是正してやるためには、一言のもとに切り捨てるのは考えものだ。たしかに、段どりをつけて仕事をしている時に横槍を入れられ、進行が遅れれば腹立たしくもなる。だが、ここは相手の熱意を汲んでやるのが言葉上手というものだろう。

相手なりの努力を無視するな

○助かるよ。でも、こういう線でやってくれないか

難しい相談・質問に

✕知るか、そんなこと

学生のころ授業や講義のあとで、よく「何か分からないことはありませんか」と質問を促されたこともあるはずだ。そのとき聞きたい点がありながら、「相手や周囲の人から『何だ、こんなことも分からないのか』と思われはしないだろうか?」と質問をやめたことがあったのではないか。隣席の友人がしたり顔でうなずいているので、「彼は理解できているんだ。じゃあ彼に聞けばいい」と安心し、あとで尋ねると「実は俺も分からないんだ」と言われた経験もあるだろう。

ビジネスは刻々と変化していく。知らないこと、分からないことがあって当然であり、それは決して恥でも権威が落ちることでもない。恥ずかしいのは、知らないこと、分からないことをさも分かったようにしている態度である。

とはいうものの、自分の知らないことを聞かれて素直に「分からない」「教えてほしい」と言える人は多くない。沽券(こけん)にかかわるとでも思うのだろうか、狼狽(ろうばい)気味に「知るか、そんなこと」と切って捨てる人をしばしば見かける。こうして背を向ければ、もう相手は根ほり葉ほり尋ねてこないだろうという魂胆なのかもしれない。

なかには、日ごろ自分も「これだけは知っておかなければ」と気にしていた点を質問され、図星を突かれて思わず「知るか」と口走る場合もあるだろう。自分の職務権限外のこと、仕事に無関係なことを見当はずれに聞かれてムカッとしてのセリフという場合もある。あるいは相手の「あなたは知っていて当然ですよね」という傲慢な雰囲気に、つい語気が荒くなったということも考えられる。

しかし、こちら側にどんな事情があるにせよ、「知るものか」と一刀両断に切り捨てたり、「いちいち聞くなよ」と面倒くさそうに相手の口を封じたりするのは、こちらの器量の狭さを露呈する行為である。知らないことは知らない、分からないことは学びたいと率直に言える人は、人に信頼される。知識や知恵は、そういう人のところに集まるものだ。相手が上司であれ部下であれ、あなたが誇り高い人であれ、専門家として自他ともに認める人であれ、分からないことを放置するべきではない。

期待を封ずるな

○分からないな。君、知っていたら教えてくれよ

○知らない。だが僕も興味があるから調べてみる

負担の大きい提案に

✕そんな金がどこにある？

家族の団欒の夜、妻が夫に「今年中に車を買い換えたいわね。ＲＶにしない？」。あるいは、「先の話ですけれど、あなたのボーナスが出たら、久しぶりにみんなで家族旅行したいわね」。とたんに夫は吐き捨てるように一言、「そんな金がどこにある？」。女房がおとなしければしょげかえり、気が強ければ「飲むお金はあっても、家族にまわすお金はないわけね。あなたは自分さえよければいいの？」と応酬が始まって、どちらにしても楽しいひとときはぶち壊しになるだろう。

女房にすれば無理もない。願望や夢を楽しんでいたわけだから。しかし、夫の側にも言い分がある。生活費や教育費、家や各種のローンに追われていて、口にはしなくとも毎月の収支には頭を使っているわけだ。内心、今月は飲むのを少し控えようかと殊勝な気持ちでいたかもしれないのである。

ビジネスマン社会でも、上司と部下や、自部署と他部署の間に同様な会話が交わされることが少なくない。あなたも、立場のいかんを問わず、割り当てられた予算をいかにやりくりして業務処理を効率化させ、交際費などを捻出するかに頭を痛めているだろう。経済状況の厳しい昨今、経費の削減はどこでも至上課題になっている。

にもかかわらず、部下から「社員旅行は海外へ行きませんか」「ウチのコピー機はもう古いですから新型を買ってください」などと言いたい放題に言われたり、他部署の同僚から「この仕事は君のところでやってくれよ。こっちはアップアップなんだから」と仕事を押しつけられたりしたら、ついムッとして「そんな金はないよ」と突き放したくもなろうというものだ。

しかし、部下にすれば、海外旅行で気分転換をしたあとバリバリ働きたい、新型のコピー機で少しでも能率を上げたいと思っているわけだ。同僚にしても、「彼なら何とかしてくれるかもしれない」と実力を買っているからこそ頭を下げにきたと解釈することもできる。

そこを突き放してしまえば、「普段はムリな指示を出しているくせに。予算くらいどこかで調達してくるのが上司の政治力だろうが」「こいつの実力は俺より下だな」と軽んじられてしまう。いきなり水をかけるようなセリフは避けるべきである。

提案に水をかけるな

○いいね。だが今期のウチの予算はきつい。来年まで待てないか。

○どうすれば金額が調達できるかミーティングで相談してみよう。

レベルの低い報告に

✕そんなことでオレに相談するなよ

家庭を重視する父親が増えたとはいえ、いまだに、多忙な父親たちは、子どもがむずかしい年ごろにさしかかっても、じっくり相談にのってやったり勉強をみてやったりできないという。たまの休日に、子どもが宿題で分からないことを聞いたりすると、「こんなことも分からないのか」と怒鳴りだすので、子どもがいじけて困るという母親の話が、ＰＴＡの座談会などでよく披露される。

この父親に限らず、こうした場合の親は、不用意にも大人のレベルで子どもの学力を判断し、「こんなことも……」ととらえているわけだ。しかし、仮にその年齢なら当然知っているべきことを子どもが知らなかったとしても、それだけをとらえて叱るのは決してプラスにならない。なぜなら、大人の眼には一見瑣末(さまつ)に見える事柄の中に、本人も周囲も気づかない、価値ある可能性が隠されていることがしばしばあるからだ。

同じようなことがビジネスにもしばしばある。ある宣伝会社での話だが、電車の車内吊り広告の担当者が、スポンサーの名をポスターの上に刷り込むか、下にするか課長に尋ねたところ、言下に「デザイナーと相談すればすむだろう。そんなつまらんことをいちいちオレに聞くな」と叱られたそうだ。ところが、実はこれが重要な問題で、上に刷り込むと他のポスターとの重なりで見えなくなり、下ならば遠くからでもよく見えるということが、あとになって分かったという。

もう一つ重要なのは、他人にとっては瑣末に見えることでも、当人には重大な関心事である場合がしばしばあることだ。ラジオの長寿番組『子ども電話相談室』にかかってくる子どもたちの質問に、大人の発想や観察力を超えるものが多いのはその好例といえよう。

一見つまらなく見える事柄が、よく考えると重要だったというケースを、会社で日常かわされるやりとりから嗅ぎ分け、上手に引き出すのがすぐれたビジネスマンの手腕なのだ。だが、多くの人はそのことに気づかないばかりか、問題の瑣末さを口実にして退けてしまう。しかし本当は、手元の仕事が忙しかったり、問題に耳を傾けるわずらわしさから逃れたいための、単なる逃げ口上にすぎないのだ。

自分の価値観にとらわれるな

○君がこの件を重視する理由を説明してくれないか

○その問題をもう少し突っこんで考えてみようじゃないか

独断的な行動に

✕そんなことを言った覚えはない

あるバレーボールの選手から聞いた話だが、長年同じチームでゲームをやっていると、アタッカーとセッターが言葉やサインを通さずに攻撃の形をつくることができるという。セッターであるその選手は、アタッカーの眼を見ただけで、どんな種類のボールを要求しているか100パーセント分かると語っていた。

セッターとアタッカーのこうした信頼関係は、厳しい練習の積み重ねの結果できたものだが、一般にはなかなかここまで意思の疎通をするのは難しい。たとえば、ある仕事について、事前にいくら細かい打ち合わせをやっても、立場の違いもあり、多少の見解の相違が出るのはやむを得ない。問題なのは、進行の過程で最初のプラン通りに仕事が運ばなくなり、軌道修正を余儀なくされたといったケースだ。

これが同僚間のことであれば、調整もさほど面倒ではない。しかし、上司と部下という上下関係のもとで起こったとなると、解決も簡単にはいかない恐れもあるのだ。部下は上司に命じられた（と思った）通りのことをしたのだから、事態の変化について報告し、指示を仰ごうとする。一方、上司としては、自分の指示したようにきちんとやっていれば円滑に進んだはずだと考え、部下の〝独断〟を快く思っていない。この食い違いが、時には「そんなこと言った覚えはない」というセリフになって、部下に投げかけられるのである。

だが、言った覚えがある、ないは、しょせん水かけ論だ。

結局は力関係で上司が押し切ってしまうから、部下の立場は雲散霧消し、残るのは不信感だけとなる。このように、部下に歩み寄ろうとしない上司は、ただ煙たいだけの存在でしかあるまい。

さらに、この言葉が問題になるのは、ミーティングでウッカリ話したり聞いたりして、後になって事態が変化した時、慌てて不用意にこの言葉を口にした場合だ。あるいは「そんなこと、あの場でオレが言うわけはないだろう⁉ 誰かとカンちがいしているんじゃないか」などと、チャッカリと保身のために責任を回避し、自己防衛をはかる場合である。特に後者の場合、部下にこの言葉を口にすれば、部下は自分の立場がなくなってしまうこともある。唯一の頼りである上司からシャット・アウトを食らった部下の心境はどうだろうか。

水かけ論を避けよ

○僕の考えがうまく伝わっていなかったようだね

こんな「一言」にはウラがある！——責任逃れ篇

上司はいつまでも上司ではない。部署が変われば他人であり、直接の人事権も行使できなくなるのが普通である。上司の甘いセリフには、こういう立場の変化を見越して対処すべきである。

たとえば**「〇年で本社に呼び戻すから」**と移動を打診された場合。まずは言われた時期がポイントだ。新年度の初めに「1年だけ頼む」と提示されたのなら、信用していい。だが、年度途中に言われたのなら、たとえ期間が1年でも要注意である。まして3年後、5年後などという〝約束〟は、ホゴにされて当然と思うべきである。

せめて「5年先も部長はこの部署で約束を果たしてくれますか」と言質をとっておこう。きつい一言ではあるが、行くも地獄、残るも地獄なら、態度だけは毅然としておくべきである。

「悪いようにはしない」というセリフもきわめて疑わしい。あとでどうにでも逃げられる言葉だからだ。「君にとって悪い条件ではないと思ったんだが」とでもごまかされれば、それで終わりである。

「ボーダーラインはどのあたりですか」と具体的な数字をあげさせなければならない。あいまいな言い方をする上司は得てして上に弱く下に強い人間が多いから、「僕を信用できんのか！」などと怒るかもしれない。だが、いずれ上司は異動する。大切なのはあなた自身の身の上。強気に出ることだ。

第6章

「会議」「根回し」で言ってはならないこと、言うべきこと

たとえば

内密の相談をする時

✕君だから言うんだが　→　○まず、君に言っておきたい

✕ 君だから言うんだが

かつての私の上司がそうであったように、会社の中には、たいした情報でもないのに、ことさらに重要な情報を打ち明けているかのようなポーズを示したがる者が少なくない。「これは君だけに話すのだから、そのつもりで聞いてくれ」などと、周囲に人の動きなどないにもかかわらず、ご丁寧にまわりを見回し、声を低め、身体を乗り出し、わざと咳ばらいなどして囁きかけてくる。

若かった私は、そこまで自分を信頼してくれる上司に感激して、その信頼に応えよう、絶対に他言はしまいと心に誓ったものだ。ところがこのセリフが上司の常套手段であることが、まもなく露見した。酔った同僚の口から、同じ文句が同僚の耳にも囁かれていたことが分かった。この〝事件〟以後、私の上司に対する信頼感は薄れ、ほどなく私はこの会社を退社した。

「君だから言うんだが」「君にだけ打ち明けるんだが」というセリフは、たしかに心地よい響きを持っている。相手がこれだけ腹を割って話してくれた、根回しを自分にしてくれたと感激もするが、冷静になって考えてみると、さまざまな疑問が頭をもたげてくる。なぜ自分だけに言うのだろうか。それほど秘密にしなければならない内容なのか。もしかしたら、自分を信頼しているというポーズにすぎないのでは？

事実、誰でも経験しているように「君だから言うんだが」という情報は、ほとんどが大した内容ではない。そして、そういう情報に限って、他人に流れるのも早い。してみると、大した内容でもない情報を、さも重要そうに話すのは、相手がどこまでその秘密を守れるかを試す〝踏み絵〟ではないか。「君だから話す」のではなく、「君にも話す」のではないのか。そして、私が経験したように、その疑問が事実と分かった時、相互の信頼関係は急速に崩れていくのである。

仮に、「君だから言うのだが」という情報が重要な内容であっても、聞かされる側にとっては秘密を共有させられることは実に重荷だ。自分だけが知っていて、隣に座っている同僚が知らないとなると、同僚との信頼関係にもヒビが入りかねない。情報が重要であればあるほど、全員が知っておく必要があり、だからこそ〝部外秘〟が守れるというものだ。秘密を無理に共有させるような言葉は、決して互いの信頼感を強めることにはならないのだ。

秘密を共有するな

○あとでみんなに話すが、まず君に言っておきたい

意見が対立した時

✕みんなでもっと話し合おう

ミーティングなどで部下同士の意見が食い違った時、あるいは上司と部下の意見が合わない時、上司のとる態度は3つある。

第1は、自分の意見をあくまで押し通す独裁型で、やり手といわれる管理職によく見られる。この種の上司の下では、部下は上司の考えに迎合する傾向が強くなり、集団としての生産性は、見た目ほどにあがらないのが常だ。

第2は、「良きに図らえ」式の放任型で、職場は明るく、和気あいあいとしているが、集団としてのまとまりがなく、生産性も最も低い。一見、自由な発想を許しているように見えて、その実、考えることを放棄した〝無脳〟集団になりやすい。

第3は、意見がまとまるまで何度も話し合いをさせる民主型だ。このタイプの上司の下では、部下それぞれが参加意識を持ち、作業能率でも高い水準を示すことが、各種の調査でも明らかにされている。そのため民主型が理想的リーダーとされているわけだが、問題は、民主的という美名に名を借りた放任型が少なくないことだ。

「みんなでとことん話し合え」「意見がまとまるまで意見を出し尽くそう」と、話し合い路線を強調するが、企業は1がいいか、2がいいかを討論する場ではないのである。たしかに、自由に意見を出し合うことは大切だ。しかし、最後の決定を下すのは管理者のはずである。

そこで私は、理想的なリーダーとして第4のタイプをあげたい。討論段階では民主的であり、決定段階では独裁的な〝民主的独裁型〟だ。すなわち、リーダーシップを発揮するだけでなく、もっと強力なヘッドシップの発揮者でもあるということだ。ヘッドシップとは指示・命令などのような上意下達の強い権能をいう。同じ民主型リーダーでも2つのタイプがあるということである。

民主的放任型の上司の下では、それぞれが自分の言いたいことを言うだけで、決して実りのある結論は導き出されない。民主的放任型は、参加意識に名を借りて自分の意見を言わず、体制のおもむくままにあっちへ行ったり、こっちへ行ったりする。上司がふらふらしていれば、会議やミーティングの意義は薄れ、導き出される結論も安易な方に流れるようになる。

会議に責任を持て

○意見が出そろったようだから僕の結論を言おう
○この点が問題のようだからポイントをしぼって話そう

X 僕にも責任がある

つね日ごろセミナーなどで言うことだが、私は、部・課・係の会議には、上司と部下との間に、ある種の緊張の糸がしっかり張られていることが必要だと思っている。なごやかな雰囲気も必要だろうが、この糸がないと、議場は単なる懇親の場になってしまい、肝心の仕事がスムーズに運ばなくなる。

この緊張の糸は、責任の所在を常に明確にしておくことで、常にピンと張られる。責任をとる覚悟もないくせに、「オレにも責任がある」などと責任の安売りをする上司は、自らの手でこの糸を断ち切っていることになる。

その結果生まれるのは上司と部下との〝仲間意識〟だが、一見なごやかそうに見えるこうした職場に限って、いったん事があると、上司が悪い、部下が悪いと責任をなすり合う無責任集団と化す。

例をあげよう。某省の統計課長は、部下を30人近く抱えているが、その大部分は統計事務を処理する女子職員である。ご多聞に洩れず、この〝女の園〟にも、女性特有のセクショナリズムが渦を巻き、対立意識、嫉妬心が毎日火花を散らす現代の〝大奥〟の観を呈していた。

ところが、このうち若い女性集団を管理する課長の唯一のマネジメント哲学が、部下に逆らわないことだったというから驚く。

誰々はお茶当番をさぼる、あの人は休憩時間を余計にとる、彼女はタバコを一日に何本も吸うといった苦情が発生するたびに、この課長は「いや、僕の責任だ」「オレが、うっかりしていたのが悪い」と根回しであるかのように囁いて回り、彼女たちのいざこざをかわしていた。

その結果、定期異動があるたびに、「あの課の女の子はうちの課にはいらない」という声があがり、とうとうこの課長は管理職の任にあらずということで、部下のいない地方事務所に飛ばされてしまった。

気の毒なのは、この課長ではなく、引き取り手のいない彼女たちである。上司との間に緊張感の持てなかった彼女たちは、〝甘えの構造〟にお互いがもたれ合い、他の部署ではとうてい通用しない〝欠陥人間〟にいつのまにか育てられてしまったのである。こうなった時、果たしてこの課長が、「僕にも責任がある」と言うだろうか。

責任の安売りをするな

○この点は、はっきり言って君が悪い。よく反省したまえ

失点挽回の会議で

✕ 弁解は無用だ

私が目撃したある配置転換パーティでの出来事である。その日の主役は、某建設会社の課長だったが、酒がまわるにつれ参加者のムードがおかしくなってきた。やがて、どこからともなく「弁解無用っ、死ねっ！」という声がかかった。すると、この課長は、主役であるにもかかわらず、新旧の部下たちにテーブルクロスを頭からかぶせられて、ぽかぽか殴られ、ついには床にのびてしまったのだ。「弁解無用っ、死ねっ！」とは、ほかならぬこの課長自身の口グセだったのである。

送別パーティでこのような仕儀に及ぶとは、まったくいただけないが、部下が部下なら、上司も上司だ。部下にそうまでされねばならなかったとすると、日ごろの人使いに大いに問題があったと考えざるを得ない。

どんなに厳しい上司であっても、部下が業績を上げていく上でなくてはならない人物として尊敬されていれば、最後のパーティでこんな破目になることはなかったはずだ。厳しい仕事ぶりのわりに、課の仕事はうまくいっていなかったに違いない。

そのことは、「弁解無用っ」という彼の口グセからも、十分推測される。たとえば、ある仕事が取れると思っていたのに、途中でダメになってしまったとする。会議の席で当然、課長の雷が落ちる。担当者は、そこで一生懸命理由を申し述べようとする。そこへ「いいわけは聞きたくないっ」という一喝が入ったら、部下はどうなるだろうか。

たしかに、部下の申し開きの中には、自分の責任をできるだけ免れ、減点を少なくしたいという自己弁護の気持ちも含まれているだろう。しかし、努力してもうまくいかなかったのはなぜなのかという、重要な問題提起や反省、経過の分析など、今後の仕事のために必要な情報も、彼自身、意識するとしないとにかかわらず、提供しているのだ。こうした場面での「弁解」とか「いいわけ」というレッテル貼りはいちばん心に応える。

弁解の気持ちがまったくないといえばウソになるが、聞いてほしいことがあるというのが、彼らの正直な気持ちだろう。原因追求をすべき会議での〝弁解〟という決めつけは、信頼関係を損なうばかりか、結局はミスの再発の誘因となってしまう。

弁解でなく、理解をさせよ

○失敗自体は責めないから原因を徹底的に洗ってみることだ

○僕ががっかりした以上に君もがっかりしているだろう。早く冷静になって経過を分析しろ

✕理屈をこねるな

外国人が日本に来てすぐ覚える言葉の一つに、「どうも」があるそうだ。発音が比較的簡単だからということもあるだろうが、日本人が日常いかに「どうも」を多用しているかの証明ともいえる。今や国際的知名度を持つ「どうも」ではあるが、外国人にはその意味を本当に理解するのはなかなか難しいらしい。その最大の理由は、これを使う言いまわしが非常に曖昧だからにほかなるまい。

一例をあげると、日本人は「どうも」を、慶弔どちらにも使用する。結婚式だろうと葬式だろうと、「このたびはどうも……」ですませてしまうわけだ。何が「どうも」なのか、あとに続く言葉を口にしなくとも、相手とのコミュニケートは十分可能である。融通無碍（ゆうずうむげ）ともいえるこうした語法は、日本語独特のものと考えてよい。したがって、諸外国の人間が、覚えるのは早いが使いこなせず不可解な言葉だと思うのも、無理はないだろう。

だが、いくら日本とはいえ、何にでもこの〝あいまい語法〟を持ち込み、それでよしとするのは問題だ。ことにビジネスという論理性の強い世界ではなおさらである。たとえば会議の席で仕事の報告をする場合、語尾を濁してばかりいるのでは報告の体をなさない。「……だからこうしたい」とか「……なのでこうした」という論理的展開が求められるのは当然である。

しかし、極端に論理の勝った話し方は、単に理屈をこねまわしているだけ、と受けとられる恐れがある。日本人は、仕事上で議論をしても、やはり「どうも」の部分を求める。筋、筋、筋と理屈で攻められるのは、息苦しさを感じるのだ。

議論がもつれた時など、「屁理屈をこねるな」「キミは理屈だけは一人前に言うじゃないか」「理屈と実際は違うぞ」という言葉が飛んできた経験があるだろう。しかしこの一言は、「ものを言うな」と相手の話を制止するのと同じで、議論からの逃避のあらわれである。自分が気に入ろうが入るまいが、相手は仕事について自分の意見を開陳しているのだから、議論のための議論にならない限り、相手の言い分をよく聞き、反論すべきところはビシッと理論で切り返すべきである。「理屈をこねるな」と言った瞬間、その人は自分の能力の低さを議場で宣言したことになるのだ。

議論に背を向けるな

○それはあくまでも君の考えだね

○君の考えについて僕の意見を言おう

熱くなっている相手に

✕そうムキになるな

旧聞に属するが、かつて江川卓氏（現在、野球評論家）が巨人軍入団に際してとった言動は、当時あれこれ取り沙汰されたものだ。なかでも最初の記者会見で、並み居る記者に対して「落ち着いてください。冷静に話しましょう」と言った言葉は有名である。もちろん翌日の新聞は江川氏の態度について〝ふてぶてしい〟という印象の記事がほとんどであった。江川氏は自分の正直な気持ちを言ったまでであろうが、言われた側にとっては熱くなるだけの理由が確かにある。この悪印象は氏の現役生活を通じてずっとつきまとったのであった。

「落ち着け」「冷静になれ」「そうムキになるな」という言葉には、相手の熱意に肩すかしをくわせ、子ども扱いする意味があるのだ。言葉を受ける側は、こうあらねばならないという一途な主張に水をさされたと思う。対象に向かう意識が強烈であればあるほど、こうした言葉が与える影響は甚大なのだ。江川氏に対する記者たちは、記事を書くことで反撃できた。しかし同じ状況に遭遇して、誰もが胸にたまったわだかまりを浄化する手段を持ち合わせているとは限らない。どうしてよいか分からず、悶々とする人の方が圧倒的に多いはずだ。

会議でも、意見を承認させようとひたすら直球に頼りグイグイ押しまくるタイプがいるだろう。こうした人間を周囲は、多少あぶなっかしいと見るから、変化球も時には必要だという意味のアドバイスをする。

ビジネスだけではない。車や家を買う、人に頼みごとをするといったプライベートも交渉ごとだが、交渉とは「双方がそれぞれの欲求を持って、できるだけ自分側に有利な結果を出す話し合い」と考えてよいだろう。

そうすると双方の欲求は、たいていの場合は対立する。ところが交渉下手な人は、ちょっとした些細なことに腹を立てたり、こだわったりするようだ。つまり〝ムキになっている〟人が少なくないようだ。

その際、「そうムキになるな」と言っても、相手は自分のとっている行動なり方法なりが最善だと信じて熱くなっているので、さしたる効果は期待できない。

こうした人間にはまず熱心さを評価し、そのあとでカラ回りしそうな部分を注意してやれば、せっかくのやる気を失わさせずに済むのである。

熱意に水をさすな

○君が熱心なのを見ると僕もうれしい

練れていない議案に

✕そんなこと誰でも考えつく

研修という仕事に長年たずさわっていて、講義のあと担当時間をオーバーするほど活発な質問がある時くらい嬉しいものはない。逆に、講義や指導に賛成でもなければ反対でもない、まして質問もまったくなく、部屋が水を打ったように静まり返っているときは寂しい気持ちになる。

私に限らず、一般に、講演で質問が出るかどうかは、講師の最大の関心事である。もちろん、質問の多寡は話の内容によっても多少変わってくるのだが、それ以上に、講師の指導法の上手下手で差が生じることの方が多い。

ほとんどの講師は、「これまでの話で何か質問はありませんか」「何でも質問してください。私の話したこと以外に、関連することでも結構ですが」などと受講者を促す。それでも質問が出ないと、巧みな講師は、こう誘導する。「こんなこと聞くと笑われると思うようなことが、実は一番大切なことなのですよ」。多くの場合、ここで2、3人の手があがり、あとは次々と質問が講師に投げかけられる。聞き手に若い人が多いほど、この誘導法の成功率は高い。

これとは反対に、かえって質問をしづらくする、もっと言えば〝質問封じ〟になるまずい誘導法がある。私自身にも苦い経験があるのだが、自分の話し方が未熟で分かりにくい点もあったかもしれないと謙虚になるあまり、つい「今日お話ししたことはきわめて基本的なことばかりです。何か分からない点があったら質問してください」と声をかけてしまうやり方である。これでは、質問すれば、「基本的なことすらも分からないのか」と笑われるに違いないと思い、質問したくてもできなくなるだろう。

同じようなことは会議でもある。企画を思いついた、すばらしいアイデアをひねり出したと喜ぶ人間が同僚や上司に第一報を告げる。その鼻の先で一言「そんなことは誰でも考えつくよ」「そんなこと言って何になる」「そんなことは言われなくても分かっている」。自尊心を傷つけられ、がっくりとうなだれる相手の胸中には、失望と怒りが渦巻いている。

お世辞でもいいから、まず相手の着想をほめることだ。そのうえで、欠点や取り上げる角度の浅さを指摘するべきである。「信頼できる上司」「頼りになる同僚」という評価は、こんな積み上げの結果なのだ。

自尊心を守ってやれ

○なかなかいい着想じゃないか。ただ、できればもう少し……

荒唐無稽な意見に

✕もう少しましなことを考えられないのか

ブレーン・ストーミングを実りあるものにする唯一の秘訣は、「どんなアイデアも批判してはならない」というルールを出席者に周知徹底させることにある。荒唐無稽な意見も大歓迎、他人の尻馬に乗ることも大いに結構、決して他人の発言に批判的な言辞を述べてはならないという了解があって初めて、出席者は自由な発言ができるというものだ。

ところが実際は、ブレーン・ストーミングに名を借りて、相手のブレーン（頭の回転）を鈍くさせているケースがあまりにも多すぎる。たしかに、ある程度の経験を積んだ人間の眼からすれば、新人や部下の出すアイデアは幼稚すぎるかもしれない。そんなことは、とうの昔に自分自身が思いついていたアイデアかもしれない。しかし、相手にしてみれば、そのアイデアは、自分なりの情報を集め、整理し、知恵をしぼったあげくの結論なのである。たとえ、その結論が期待感を満足させないものであっても、そのプロセスだけは評価してやらないと、発言者は聞き手の期待感を満足させることだけを考えて、〝自分なりの頭〟を働かせる努力をしなくなる。

「社員を殺すには刃物はいらぬ、考える意欲を失わせるセリフを吐けばいい」というのが、長年経営の相談にあずかってきた、私の偽らざる感想である。そのキラー・フレーズの典型的なものが、プロセスを無視して結果を重視する「もうちょっとましなことは考えられないのか」といったたぐいの言葉である。とくに殺しの威力を発揮するのは、部下の生殺与奪の権を持っている権威者からそうした言葉が発せられた場合だ。

「この問題について自由に意見を述べてほしい」と、白紙の状態で会議やミーティングを開くことはままある。そうした場でよい結果を得たかったら、参加者の頭がフルに働くように、無用の批判を控えることだ。

他人の出したアイデアや結論を批判することは、誰にとってもやさしい。しかし、それはいわゆる〝評論家〟のする仕事であって、現場でビジネス戦争を戦っている指揮官のすることではないはずである。現場の責任者が評論家的な言辞を吐けば、「もうちょっとましなことを言えないのか」という言葉を現場から返されるのがオチである。

考えるヒントを与えよ

○君の考えのこの点がもう一歩だと思う
○この点をもう少し突っ込んで考える必要がある

水準の低い意見に

×もっと頭を使え、アタマを

企業は効率よくビジネスを進めるために組織をつくる。だから組織は専門的、分業的になる。ところがこうなると、生産組織と営業組織、管理部門と物流部門、本社と支社・支店などの間で、互いに相手を責めることが多くなる。

「俺たちのつくったものを頭を使って売るのが営業だろう」と生産部門が言えば、営業部門は「何を言ってるんだ。売れるものを知恵を絞ってつくるのが工場だろうが」となってくるわけだ。

類似の言葉は上司と部下との間でも頻発される。「もっとここを使うんだ、ここを」と憎々しげに自分の頭をコツコツ叩いてみせる上司をしばしば見かけるし、「へたな考え休むに似たりだよ」などの表現もよく使われる。

こういうセリフを吐かざるを得ない時というのは、相手の計画・提案・意見具申が、こちらの期待や水準から見て納得できず、何とも歯がゆい場合である。相手は相手なりに頭を使ったつもりであり、いい案を出したつもりになっている。だが、そんなつもりが積もっても、こちらの要求を満たすことはできないのだ。

しかし、こういう時はまず自省する必要がある。相手がこちらの要求どおりのプランを出してきた場合、果たして自分は「ご苦労さん、よく考えたね」と賞讃しているだろうか、と。というのも現実には、「俺がヒントを出したからやれたんだ」と自画自賛していたり、「いい案だが、まだまだだね」とないものねだりをしたりするケースがあまりにも多いからだ。

相手をほめもせず、要求や指示をする時だけ「知恵を出せ」「考えが足りない」と言い募るのでは、相手は傷つくばかりで、ヤル気を起こすわけがない。組織効率が上がらなければ、上司・部下も自部門・他部門も、結局は共倒れである。つまり、心ない一言が、仕事をダメにしているわけだ。

気に入らなければ、どこがどう気に入らず、どうしてもらいたいのかを具体的に言うべきだ。自分がこうやったらこうなった、だからここはこうすべきではないかと、考え方を教えることが必要である。

能力の限界を暗示するな

○僕ならこうやってみるが、参考になるかな?

○そこまで考えているのなら、あとは違った角度から見てみることだ

✕うちでは、そんな甘い考えは通用しない

近代的な経営技法を次々に取り入れて発展する企業にも、内実は旧態依然たる古い体質を温存しているところが少なくないのに驚かされる。いや、古い体質と斬新な経営手法が同居しているといってもよい。

こうした企業の多くで、創業社長やその意を汲んだ後継社長のワンマン体制がのさばっているものだ。革新経営の美名に隠れて、ワンマン体制を擁護維持するシステムががっちり固められている。ワンマンを代表とするリーダーたちは、何かにつけて「新しいアイデアを出せ」と口ぐせのように言うが、本当は書類一枚、決済印一つにも形式を求めてやまない手続き主義者なのである。その結果、頭を使って働く人間よりも、手続きに遺漏ない者が社内的には〝切れ者〟と評価される仕儀となる。

問題は、そういう会社にあって、あなた自身がどういう態度をとっているかだ。

一例をあげよう。「ね、Aさん、ぜひこれを実現させましょうよ。これでうちのチームの実績はぐんと良くなると思いますよ」「たしかに君の考えはすばらしいとオレは思う。しかし、

なかなか難しいところもあるんだ」「なぜですか?」「なぜって、そのうち君も分かると思うが、うちの社では書類一つ通すにも面倒な手続きが必要なんだ」「手続きなんかどうでもいいじゃないですか」「……うちの社では、そんな甘い考えは通用しないんだ」。

この一言で、おそらく相手は自分の考えを引っ込めることだろう。内心「Aさん、あんたもか」という失望を心に残したまま。旧態依然とした会社で現状否定の努力をしようとしない人間こそ〝甘い考え〟の持ち主なのだ。

事実、古い体質の企業では、社内でヤリ手と評価される人間の下にいる社員ほど、退職が続出しているのが現状だ。彼らは会社そのものよりも、難しいところをうまく根回しして現状を打開してくれる役割を放棄した〝切れ者〟に愛想をつかしたのである。「先輩たちの体質が古い」「上司の事なかれ主義に耐えられない」というのが彼らのホンネなのだ。甘い考えがいずれ通用しなくなるのは、退職した社員ではなく、現状打破の努力をせずに社風をタテにとる形式主義に染まった自分自身であることを知るべきだ。

仕事は現状否定、対策肯定で

○うん。僕から課長にじっくり話してみよう

○根回しに必要な時間を貸してくれ

✕余計な口出しはするな

生来の話し好きなのか、自己顕示欲が強いのか、あるいは思いやりが人一倍強いのか、どこの職場にも、自分に関係のない話に割り込んで、一言いわないと気がすまない人間がいるものだ。「余計なことかもしれませんが、私に言わせていただければですね」とか口をはさんでくるのである。

横車を押された相手は、自分が論難・批判されているようで、決しておもしろかろうはずがない。そこで、「君に意見を聞いているんじゃない。余計な口出しはしないでくれ」「ほかから雑音を入れないでくれ」「キミに話しているんじゃない。黙ってろ」などと一喝したくもなってくる。しかし、ここはビジネスマンたる者、余計な口出しも一応は聞く雅量を失わず、聞くに値しない意見だったらサラリと聞き流す余裕を持ちたいものだ。

余計な口出しには概してロクなものはない。しかし、第三者の立場にいるだけに、当事者同士が気がつかない盲点を指摘してくれる場合もたまにはあるのだ。昔、街なかでよく見られた縁台将棋で、見物人から「オイ、その桂馬あぶないぞ」「そこへ銀を張れ」などと口出しされ、意地になって桂馬をそのままにしておいたり、張るべき銀を張らなかったりして、そのために勝負に負ける光景を目にする。もし、あぶない桂馬や張るべき銀に気がついていなかったのなら、そうしたアドバイスをありがたく頂戴して、勝負に勝つことを考えた方が得策だ。

余計な口出しをする人間は、動機がどうであれ、口出しの内容がどうであれ、やる気だけは人一倍強いものだ。一喝されたくらいでスゴスゴ引き下がることはめったにない。本題をよそにして〝余計か〟〝余計でないか〟をめぐって、果てしない不毛の議論が始まるのが普通だ。仮にその場はおとなしく引っ込んでも、口を封じられて批判の度合いが内攻し、以後の話は批判的な耳で聞くようになる。

以前、百家争鳴時代の中国で、〝どびんの中の餃子(ぎょうざ)〟という言葉がさかんに言われたことがある。どびんの中で餃子を煮ることはできても、いざ取り出すとなると口がつかえて出てこないという意味で、幹部の呼びかけにもかかわらず、話し合いの席で相変わらず黙りこくっている人民を皮肉ったものだ。「余計な口出しをするな」という一喝が、会議に〝どびんの中の餃子〟の雰囲気を植えつけなければ幸いである。

頭から拒否するな

○一応、君の考えを聞かせてもらおう

非難めいた正論に

✕ 知ったようなことを言うな

旧日本軍でも〝年功序列〟が多少あったと別項で触れたが、基本的には軍の人間関係はきわめて理不尽なものであった。その一つに、理由のいかんを問わず上官に抗弁することは許されないという不文律があった。階級が下の者は、わけもなく殴られても文句が言えなかったのである。しかもこの不文律は、上等兵と二等兵、下士官と兵の間に限らず、将校間においても通用したというから驚くほかはない。

当時の大本営参謀で、戦後ビルマ（現ミャンマー）で行方不明になった辻政信などは、意見具申にきた下級将校を人前で平気で殴りつけたというが、その際の決まり文句は「きさま、生意気を言うか」であったという。

完全なタテ社会である軍隊で、上下関係の秩序が厳しく守られるのはどこの国でも同じだろう。だが、命令に従うことと意見を述べることは別ものであり、下部の意見を柔軟に聞く体制がなければ組織自体が硬直化し、活力を失ってしまう。その格好の例が旧日本軍であった。

ところが、戦後70年を過ぎた現在も、これと酷似した風景が実はあちこちで展開されている。

大学の一部の運動部、応援部などは、上級生への盲目的服従を強制する点で軍隊そっくりであるし、企業における会議などでも折にふれて、軍隊的言辞を弄(ろう)する人間がいる。「知ったようなことを言うな」という発言がまさにこれにあたる。

こうした言葉が出るのは、おおむね相手の意見が、自分のそれよりも客観的に見て正しい場合が多い。あるいは、自分の非をそれとなくたしなめられた時にも発せられる。だが、それを素直に認めるとプライドが傷つくから、有無を言わせず抑えつけようとするわけだ。したがってこのタイプの人間は、組織が大きく、内部の競争が熾烈なほど現われやすい傾向がある。相手の言葉にまじめに耳を傾ける前に、まず自分の立場を認めさせ、それによって組織内の自分の序列を保とうと躍起になるのである。

これは、理屈を通り越して立場に固執しているにすぎない。いわばビジネスマンとしてではなく〝会社人間〟としての発言といえる。

実力より肩書き、数字よりも情念に流されないよう自戒すべきである。

情念をオモテに出すな

○なるほど君の意見の方が正しいかもしれない

○これからも遠慮なく意見を提出してもらいたい

長時間の会議に
×くだらない会議なんか時間のムダだ

かつて有名になったソニーの職場管理の方法に、「ＫＪ法」を応用したトランプ方式というものがある。（注）ＫＪ法――文化人類学者の故・川喜多次郎氏がデータをまとめるために考案した手法。

これは、たとえば職場の中の最小単位ごとに、あるテーマについて、各人が思いつくまま何でも小さなカードに記入していく。何枚でも書きたいだけ書いて、その後、やはり全員でこのカードを、似た内容のカードごとにまとめてグルーピングしていく。小さなまとまりにさらに標札をつけ、これを大きなまとまりに整理し、さらに標札をつけてより大きなまとまりというふうに整理していく。すると、おのずから一つの結論が、そこから導き出されてくる。そして、その結論こそ、その職場が抱えていたテーマの、最良の解決法になっていったのだ。

ところが、この方法を見た人が等しく抱く疑問が一つある。というのは、こうして出された結論が、意外に平凡であるということだ。これくらいの結論なら、別に長時間をかけてカード整理などしなくても、誰でも思いつくではないかと言う人さえいる。

しかし、実はここにこそ、この方法のユニークさがあったのだ。つまり、重要なのは、結論ではなくプロセスなのである。同じ結論でも、最初から分かっていたような解決法でも、それが上から与えられ、説明を受けただけでは、本当は納得できていない。

だが、トランプ方式では、全員がその決定の細部にまで関わり、真剣に議論してきている。どんな結論が出ようと、この方式で結論を出し終わった時のメンバー各人は、心から満足し、納得しているという。

こうしたプロセスの重要性という観点から、会議やミーティングの意味を認識するべきだ。「くだらない結論しか出ない会議など時間のムダだ。そのぶん仕事をした方がいい」などと言う人がいる。しかし、話し合いはムダ、上意下達式でいいからとにかく働けというのでは、いま言ったような意味から、働く意欲は生まれず、上意が本当に下達することもないのだ。

話し合いはムダではない。問題にされるべきは、そんな投げやりな態度で会議やミーティングに臨むその人なのだ。

参加意識を高めよ

○徹底的に議論してほしいが、時間は区切った方がいい
○堂々めぐりになりそうだから、早めに切り上げて日か時間を改めよう

判断材料が少ない時

✕前例がない

物事を判断するには、それなりの物差しが必要である。〝現在〟は、過去や未来との対比によって、〝特定〟は一般との比較によって、〝個〟は全体との位置づけによって、それぞれの認識や価値が決まってくるものだ。しかし、現在、過去、未来の系列が非連続（ディス・コンティニュティ）の時代にあっては、これらの常識的な物差しは、判断や決定の尺度にはなりにくい。

とくに、ビジネスは、こうした物差しではいっそう計りにくくなっており、従来の思考力、決定条件、情報収集活動では、自社に有利な環境をつくることはとうてい不可能だ。各企業で、「発想の転換」や「逆転の発想」「創造性の開発」が声高に叫ばれるのもその危機感のあらわれといってよい。

ところが、いざ転換し逆転した発想から出発したアイデアが提出されると、どうも握りつぶされることが多い。創造性を口先で唱えてはいても、発想が貧弱か意欲に欠ける人間が少なくないのだ。そうした人間の得意なセリフが、「前例がない」に代表される一種の責任逃れである。

たしかに、前例がないことをやるにはリスクがつきものであり、前例のあることだけをやっていれば無難である。だが、前例を破ることが、発想の転換であり、逆転の発想なのだから、この言葉は矛盾していることになる。

このあたりを皮肉って、アメリカのある実業家は、日本人との交渉は「一に前例、二に根回し、三、四がなくて五に大声」というふうにやればうまくいくと言っている。前例を示せば安心して会議のテーブルにも着くし、先に根回ししておけば落ち着いて参加してくれる。それでもラチがあかなければ、大声を出しておどかせばいいというわけだ。これは、やる気のある人間が、保守的で自己の保身だけを考える同僚や上司、会社幹部を批判する言葉とまったく同じである。

あなたは会議の議題が紛糾した時など、つい「前例がありませんね」というセリフを口にしてはいないだろうか。あなたが上司なら、部下の提案をこの言葉で切り捨てていないだろうか。こういうセリフを言いたくなるということは、その議題や提案にリスクが多いのだろう。しかし、前例がないと逃げていてはビジネスマンとして頭角をあらわすことはできない。重要なのはリスクを回避する方法を考えることである。

古いモノサシを捨てよ

○この点をもう少し考えないと現実的ではないよ

こんな「一言」にはウラがある！――ほめ言葉編

相手をほめることは人間関係づくりの鉄則である。だが、なかには責任逃れの便法としてほめる上司も少なくない。

たとえば**「期待している」**という一言。本心であることも多いが、往々にして「オレの期待を裏切った場合は責任を問うぞ」という責任転嫁の予防線として使われる。部下が失敗した場合は「口ほどにもないヤツ」と切り捨て、成功すれば「オレが目をかけてやったからだ」と功を横取りする手合いである。

なにかというと**「君がかわいいんだ」**と強調する上司も要注意だ。プレイボーイが「愛してる」を連発するようなもので、本心であるかどうかはきわめて疑わしい。むしろ部下を親分子分の情念的な関係に取り込み、気に入らなければさっさと突き放すタイプに多いセリフだ。

幸い（?）にも、そんな上司の馬脚は、ミスや問題が起きた時、その責任のとり方で簡単に見抜くことができる。肝心なのは、早いうちに上司の本心を悟ることと、一度馬脚をあらわした上司に対しては、敬して遠ざける賢明さを失わないことである。

部下を踏み台にする上司は、ビジネス能力はなくても、社内の力学や保身の技術には長じている。あからさまに反発しては、どんな仕打ちをされるか分からない。ホンネは、見抜くことにでなく、その対策を講じることに意味があるのだ。

第7章

あなたの「器量」はこんな一言にあらわれる!

たとえば

自信を失った相手に

✕それくらい常識だよ

↓

○**誰でも最初はここで失敗するんだ**

自信を失った相手に

✕それくらい常識だよ

社会人にとって〝常識〟は行動や人間関係を律する重要な尺度の一つである。会社には非常識な人間も少なくないから、時には常識を教えなければならないこともある。だが〝常識〟は決して万能ではない。振り回しすぎると相手の自信や伸びる才能の芽を摘み、人間関係を悪化させる危険性がある。

危険性の第一は、言葉にトゲが多くなりやすいことだ。人間は不完全であってあたりまえだ。その不完全で無知な部分を不必要に強調するニュアンスが、常識という一言にはある。たとえば名刺の出し方や電話のかけ方といったビジネスの初歩を知らなかった相手に「そんなこと常識じゃないか」と一喝するなどは、あまりに配慮が欠けたやり方と言わねばならないだろう。言われた当人が深く傷つくと同時に、周囲の人間も「前もって教えてやらなかったあなたに非はないのか?」と非難の目を向けるはずだ。

常識とは、ある集団の暗黙の了解事項であり規範である。それを知らなかったことをさらにあげつらわれることによって、当人は、その集団から疎外された感覚を持つ。そして「常識」

という言葉で集団を代表したあなたとの人間的な距離も、一気に遠ざけてしまうのである。

危険性の第二は、相手が自分なりに常識を血肉化していく妨げになる恐れがあることだ。人間は誰でも知識を吸収しようという願望を持っている。以前、ある中小企業で社員が「出光やサントリーのような大企業でも非上場のところがあるんですね」と驚いているのを聞き、上司は「うん。なぜだか分かるか」と上場の仕組みを解説してやった。その社員は深い興味を抱き、関連書を読破して総務的な仕事に通暁（つうぎょう）するようになった。そしてのちにその会社が上場する時は交渉責任者として腕を振るったという。無知をなじるだけの上司だったら、こうはならなかったろう。

非常識は困ったことではあるが、半面、既成の概念にとらわれずにものを見る長所でもある。こういうみずみずしい感受性をうまく誘導してビジネスチャンスを生む契機にするのも人間的力量の一つである。

相手の失敗や無知は、あなたの器量を示すチャンスなのである。

非常識はチャンス

○うん、まず覚えておいて欲しいことが二つあってね
○誰でも最初はここで失敗するんだ。いい勉強をしたな

✕不満があったらいつでも言え

ＩＢＭ社の創始者ワトソン1世は、社員の不平不満をいつでも聞こうと、一日中、社長室のドアを開け放しにしたオープンドア・システムを採用していた。これを日本のある中小企業で採り入れたことがある。結果は、案に相違して誰も不満を持ち込む者はなく、逆に今まで何やかやと進言していた熱心な社員たちの声さえ、ひそめられがちになってしまった。

これは一体、なぜだろうか。不平不満のたぐいは、ふつう社員たちの心の中で、抑えつけられたまま次第に蓄積する。そして、圧力ガマの圧力が一定値に達すると安全弁から噴出するように、ある程度の鬱積の度を超えた時に、具体的な不平不満として上司に向かって発せられる。それが、もし圧力ガマのふたを最初から開け放すように、「不満はいつでも聞いてやる」「不満があったらいつでも言え」と門戸を開放されてしまうと、部下の心の中で不満のエネルギーは高まらなくなってしまう。というより、明確な形をとらないまま、深く静かに潜行してしまうのである。

子どもが「ありがとう」を言おうとしている時、親が先回りして「ありがとうは？」と言うと、子どもはあまりありがたくなさそうに「ありがとう」と言う。

人間は誰しも、自分の感情を先取りされると、自発的で素直な表現を取れなくなってしまうのだ。

「つらいだろう」と言われれば、「つらい」と言いたくなくなるように、「不満だろう」と言われれば、「不満です」とは言いにくくなる。「不満なんかじゃない、建設的な意見なのだ」と思っている社員は、なおさら「不満を言え」と言われて言葉を飲み込んでしまうだろう。

「会話」とは話を会（合）わせると書く。上司や先輩の方から部下や後輩に話を合わせていくことだ。これを部下・後輩のご機嫌をとっていると自嘲してはならない。部下や後輩をイキイキさせる工夫、動機づけと気持ちを転換することだ。

そのために次のようなコトバを投げてみることは、話を引き出す方法（いとぐち）になる。

「どう？　このごろは」「ほう⁉　そういうことがあったのか、それで？」「なるほど」「それはよかったな」「そうだろうなァ、分かるよ」。「オレだって、そういうことは何回もあったからね、それで？」

封じ込めの一言を排せ

○どんな些細なことでも、気づいたことは言ってくれ

「大局を示す」時

×ひとの気も知らないで

「接待麻雀だなんて、毎晩午前さまじゃないの、ひとの気も知らないで」「ママがこんなに心配しているというのに、アンタたちは少しも勉強しないんだから」

家庭でよく聞かれる会話の一つだが、こう言われた夫が、次の日から帰宅時間を早めたとしたら、まさに奇跡だ。母親の気持ちを理解した子どもが勉強するようになったとしたら、志望校にたちまち合格するはずだ。そうした徴候がないところを見ると、「ひとの気も知らないで」という説得が、いかに効果のないものかがよく分かる。それどころか、そんなグチなんか聞きあきたとばかり、夫の帰宅時間はますます遅くなり、子どもたちは勉強しなくなるのがオチである。

こうしたコミュニケーションが成立しにくい最大の理由は、相手の立場を理解しようとせず、自分の立場だけを強調する一方通行にある。その結果、グチを聞かされた方は、「毎晩、接待麻雀につき合わされているオレの苦労も知らないで」「遊びたいのをがまんしているのに少しも勉強しないだなんて、ボクの気持ちも知らないで」と、自分の気持ち、立場だけをぶつけるようになる。お互いの気持ちだけをぶつけ合っていたのでは、コミュニケーションがうまくいかないのは道理だ。

もともと、「親の心、子知らず」という諺（ことわざ）もあるように、子は親の、新人は先輩の、部下は上司の心を知らないのが普通である。だから、上に立つ人間の秘かな尽力など察しもせず、目下の者は仕事を自分一人で完成させられると錯覚したり、根回しを知らずに、会議の席で持論をぶちまけたりするのだ。だいいち、〝ひとの気を知りつつ〟実施したり、〝相手の苦労〟に思いを馳せたりしていては、物事に夢中になって取り組むことなどできはしない。〝我を忘れて〟仕事に熱中しているくらいだから、〝相手〟のことも忘れてしまうのである。

部下の我を忘れた行動が会社や部署のマイナスになると思ったら、その理由をはっきりと口に出した方がいい。

「言わず語らず心と心」の沈黙のコミュニケーションに期待すればするほど、〝自分の気持ち〟を相手に押しつけるようになり、結局は、気持ちと気持ちのカラ回りで、肝心の仕事は一向に進まなくなる。

目を大きく開かせよ

○この仕事を成功させるには、この人とこの人の協力が必要なんだ

グチを飲み込む時

✕君に言っても始まらないが

あたりまえのことだが、人間のやることには成功も失敗もある。失敗すれば後悔の念に駆られ、あれさえなかったら、あの時こうやっていればと、繰り言を言いたくなるのは誰しもだ。まして部下のミスや同僚の怠慢、上司の判断ミスなどのせいでつまずいた場合は、なおさらである。

だが、起きてしまったことに「れば」や「たら」をいくらつけたところで、過去を変えることはできない。だとすればビジネスマンは、のどまで出かかった後悔語をグッと飲み込み、次の仕事に邁進するのがあるべき姿だといえよう。そういう沈黙の重みは、周囲に信頼感を与えずにおかない。

そこまで信頼されないが許容範囲といえるのが、「れば・たら」を自分自身に向けてつぶやく場合だ。あと一歩というところで計画が失敗に終わった時など、「僕があそこで交渉に出向いていたら……」と一言くらいグチっても、そう目くじらは立てられまい。むろん際限なく繰り返すと許容範囲外になる。同情を買おうという意図が見えみえで、自分の無能ぶりを宣伝しているようなものだからだ。聞かされる側も同情どころかバカバカしいと反発するはずである。失敗のあとの態度として戒めるべきは、「れば・たら」を他人に向けて放つことである。「君がちゃんと根回しをしていたら」「おまえさんの押しさえ強ければ」成功したのだ、自分に非はない、などというセリフを見逃すほど周囲の目は甘くない。どんなに仕事ができたとしても、人間関係における評価は落ちてしまうだろう。

さらに最悪なのは、そういうグチを垂れ流したあげく「まあ、君に言っても始まらないがな」と突き放してしまうことだ。言われた相手はもちろん、こうしたセリフを耳にした周囲の人間も、信頼感を大きく損ねてしまう。

ちなみに、上司が部下の「れば・たら」を聞いてやるのはかまわない。原因の究明に有効だし、部下の鬱積（うっせき）した気分を浄化させる効果も期待できるからだ。

すなわち、一兵卒ならいざ知らず、現在または将来に〝将〟たらんとすれば、敗軍の兵を語ってはならぬということである。

努力を認めてやれ

○ここまでやった努力を次の仕事に生かしてくれ

○君の尽力については、ちゃんと上に報告しておくから安心しろ

Ｘ 顔色が悪いね

〝病は気から〟という言葉もあるように、精神状態が健康に及ぼす影響には、計り知れないものがある。さまざまなストレスがのしかかる現代のビジネス社会では、健康状態に自信を持っている人は少ない。何となく疲れる、あきっぽくなった、胃がもたれるなど、身体の不調を訴える人が多いのも、ビジネス社会の取り巻く環境の厳しさを物語っているといえるだろう。昨今の健康ブームも、現代人の健康に対する不満の裏返しであり、心の病から脱出しようという努力とみれば納得がいく。

そうした精神状態、健康状態は、自分がいくら隠そうとしても〝顔色〟にあらわれる。赤ら顔、土気色、顔面蒼白、喜色満面など、顔色に関する形容はさまざまである。多くの人は朝起きると鏡を見て顔色をチェックする。まず、今日も昨日と変わらない顔色であることを確認し、一安心して出社すると、心ない一言を浴びせられる。「君、顔色が悪いね」。

この言葉を聞いたとたん、たいていの人は顔色を変える。自分ではいつもと変わらないと思っていたのに、他人にはそう見えるのか。どうも最近、調子が悪いと思っていたが、もしかしたらどこか悪いのではないか……といった不安が頭をよぎる。

この不安ほど、心と体に悪影響を与えるものはない。仮に心身の健康に自信を持っている人でも、悪い暗示を与えられたため、とたんに自信を失い、ついには心も体も不健康になってしまったという例は枚挙にいとまがないほどだ。医者は病気を治すのが本職だが、心ない医者の何気ない一言で本物の病気になってしまったという例もあるのだ。

フランスの哲学者アランがいみじくも喝破しているように、「人に向かって、決して顔色が悪いと言ってはならない」のである。仮に顔色が気になったとしても、顔色のことは絶対に口にしてはならない禁句といえよう。

もっとも、「洗面所で自分の顔を見ましたら、おっしゃる通り相当悪いようです。さっそく、医者に診てもらいたいと思うので、今日はこれで早退させていただきます」と切り返す強心臓の人間もいるそうだが、これは例外に属する。

他人がいちばん気になるところを指摘して注意を促すのは、決して賢明なマネジメントではない。

マイナス暗示を与えるな

○元気がないようだが、気になることがあったら相談してくれ

コミュニケーションしてこない社員に

×何を考えているか分からないヤツだ

コミュニケーションとは、いうまでもなく相互が理解し合うことであり、両者がお互いに努力をしなければ成り立つはずはない。ところが最近は、この努力を相手だけに要求する傾向が強く、国と国との間から親と子の間にまで、さまざまなコミュニケーションの断絶を生んでいる。

外国人は日本人を評してよく、何を考えているのか分からない無気味な民族だと言う。たしかに言葉の壁に加えて、喜怒哀楽をあまり表に出さない日本人は、相手にとって理解しにくい存在に映るかもしれない。しかし、その外国人が日本人を理解するためにどれだけの努力をしているのだろうか。

家庭にあっても、世の父親は、わが子の〝分からなさ〟をしきりに嘆いてみせる。だが、その父親は子どもの教育を母親に任せきりにして、休みを返上してせっせと仕事に精を出している。

父親に言わせれば、自分が一生懸命に働いている姿こそ何ものにも勝る言葉だというのだが、子どもが〝言葉〟として受け取るのは、働き疲れて家ではぐったりしている姿なのだ。この食い違いに苛立ち、ゲンコツの代わりに「あいつは何を考えているのか分からない」という言葉が口をつくのである。

こうした言葉は、自分の理解の足りなさを相手のせいにし、相手を理解しようとする努力を放棄する非コミュニケーション語なのである。分からなければ、分かるように努力しなければコミュニケーションは成り立たない。相手は、決してつかみどころのない自分とも、何を考えているか分からない自分とも思っていないのだから、その点をお互いが了解し合わないと、コミュニケーションはいつまでたってもここから先に進まなくなってしまう。

同僚同士、上司と部下、男子社員と女子社員など会社の人間関係でも、理解する努力を一方的に相手に要求している間は、互いに「何を考えているのか分からない」という言葉がいたずらに行き交うばかりで、不信感は改善されない。

相手に分かりやすい言葉を選んで話し、また相手の話を注意深く聞いて質問するように、まず自分が変わるべきであろう。それが人間的な度量というものだ。

まず自分から変わる

○僕には君の考えているこの点が理解できないんだ

問題社員に

×やっぱり君だったか

校内暴力が熾烈をきわめていたころ、私はある私立中学校で講演したあと、札つきといわれる暴力少年たちとじっくり話し合う機会を得た。

彼らの一人は、低学年の時は手のつけられない暴力少年だった。それが熱心な一人の教師の指導で立ち直りかける。ところが、不幸にしてその教師が転勤してしまった。そんなある日、彼のクラスで答案用紙の盗難事件が起こった。犯人は、いい点を取りたいと焦ったその少年だったのだが、新任の担当教師は、犯人が彼だと分かると「やっぱり君だったのか」という一言を浴びせたという。この一言で、その少年は反省する気持ちをすっかり失い、昔以上の暴力少年になった。

実に胸に応える訴えだった。「やっぱり君だったのか」という言葉には、一つの失敗を過去にまでさかのぼって責める非難が込められている。そしてその非難には、また同じことをやるに違いないという期待感が含まれている。やっぱり（やはり）という言葉は、思っていたとおり、案の定という、相手の想定が当たっていたことを示す。だからこの場合、少年にとっては実に残酷な言葉であった。彼はその期待に見事に応えたわけだが、これでは信頼感が生まれる道理はない。私に言わせれば、成績優秀な生徒は、先生や親の信頼感に応えて期待どおりの成績をあげている。同様に非行少年は、また悪行を行うだろうという先生や親の不信感に応えて、期待どおりの非行を犯しているのである。

会社でも同様である。もしあなたが同僚や部下の信頼感を失いたかったら、ちょっとした失敗をとらえ、過去にさかのぼって「やっぱり君だったか」という言葉を投げ続けることである。この言葉を投げつけているうちに、相手は期待どおり「やっぱりあなたは人を信じていないのですね。そういう人は僕も信じません」と言ってくれることだろう。

逆に、信頼されるためには、「失敗を過去にさかのぼって責められるのでは」「信頼されていないのでは」という期待をわざと裏切ってみるとよいだろう。そうすることによって、信頼されているという期待に少しでも応えようとする努力が自然に生まれ、失敗を心から反省するようになるはずだ。

失敗をさかのぼるな

○今度やったら責任をとってもらうぞ

○こんなヘマをやるなんて君らしくないじゃないか

✕どうしてくれるんだ！

「まったくムカつくよな」。喫茶店で私の隣に座った二人のレストラン従業員らしい若い男が、腰をどさっと椅子におろしながらこう言った。あたりはばからぬ彼らの話は、要するに冷蔵庫のコンセントがなぜか外れていて、中の食品が使えなくなったのを、上司からとがめられたらしい。これは絶好の研究材料と、失礼ながら聞かせてもらっているうちに、よくある上司と部下の関係、とくに部下をダメにする上司像が浮かびあがってきた。

彼らの上司が部下の心を掌握しきっていないことは、話の随所からうかがえた。次のセリフなど、その典型的な例といえるだろう。彼らは、口をきわめて上司を罵りながらこう言ったのだ。「どうしてくれると言われたって、どうすればいいんだ。弁償するくらいなら、ほかの店へ行くよ。別にアイツの店しか行くところがないわけじゃないんだからな」。

部下がどんな不始末をしたにせよ、「どうしてくれるんだ」「どうするつもりなんだ」という言い方ほど、上司としてまずいものはない。部下は猫に出食わした鼠のように、身が竦(すく)んでしまうだろう。こういうセリフが不用意に口を突いて出る時、部下は、この上司の目が、自分たちの方向ではなく、完全に上を向いているのを感じる。会社に損害を与えたことを上にどう申し開きするか、そればかりが上司の頭を占めてしまっていると思われても仕方がない。部下はどうなろうと、自分の立場だけが守られればいいという自己中心的な保身主義を感じてしまうのだ。

現実の問題として、部下に不始末の全責任をとらせることはできないし、またそうすべきでもないと、たいていの上司は考えている。しかし、つい腹立ちまぎれ、八つ当たり気味に、こんなセリフを吐いてしまうのだ。

同じ保身主義でも、たとえば部下の不始末を自分で尻ぬぐいしてしまう上司がいる。これだとたしかに、上に事態が露見しないですむ。だが、この時は、全社的に考えねばならない問題か、その部署内だけで葬り去っていい問題か、部下の今後の指導方針についても、判断は難しい。尻ぬぐいという犠牲を払わず、損失は損失として、今後の部下の成長で取り戻す道こそ、賢明な上司のとるべき方向だろう。

保身に走るな

○会社への責任は僕がとる。君は今後の努力で損失をとり返してくれ

○失敗は誰にでもある。しかしこの貴重な経験を無にするな

×見損なっていたよ

俗に〝後悪〟という評価のしかたがある。「君はいい腕を持っている。しかしダラシがないな」といったぐあいに、最初に高く評価しておいて、あとでそれを低くするやり方だ。これに対して〝先悪〟という評価は、「君は本当にダラシがないが、仕事の腕はいい」と、先にけなしておいて後からほめるやり方だ。

同じ能力を評価するにしても、先にほめるか後でほめるかによって、相手の受ける印象は180度違ってくる。

〝後悪〟は、プラスの評価がマイナスに転じるだけに、言われた側のショックはそれだけ大きくなる。逆に、〝先悪〟は、マイナスがプラスに転じるだけに、最初のショックが柔らげられて、相手はその評価を素直に受け取り、最初のマイナス部分を直そうと努力するようになる。

一般に人から信頼されるビジネスマンは、〝先悪〟の評価をするようである。というのも、人は最初に否定的、マイナスの評価を与えられても、その当人から評価を訂正されてプラスに転じられると、評価全体に真実味を感じるからだ。これに対して〝後悪〟の評価をする人間は概して評判が悪い。最初のほめ言葉は、あとの低い評価を下すための枕言葉であったのかというわけで、最初から最後まで低い評価しか下さないタイプよりも、もっと評判が悪い損な言い方なのだ。

だからといって、最初から最後までほめていれば、信頼感が強められるかといえば、そうではない。こうした人間は何か腹に一物あるのではないかと、かえって相手の疑惑を助長しかねない。

後悪の評価をする人は、自分の評価の誤りを相手に転嫁しているようなものだ。だから「君を見損なっていたよ」などというきついセリフもつい口をつく。それでも足りずに「君も結局はここまでかねえ」「こんなにひどいとは今まで思っていなかったよ」などと最後のとどめを刺したりする。

だが、伸び悩む人材ほど先悪の評価をして、欠点を自覚させると同時に希望を与えるべきだ。そんな気づかいが、あなた自身の人望をも高めるのである。

評価の変更を当人のせいにしない

○油断は禁物だ。次からがんばれよ

○いい気になるのが君の欠点だ。本来、君は実力派なんだから

まあまあの人材に

✕そんなものだろう

この道40年というベテランの釣り師は、あるエッセーの中で、自分が釣りの世界にのめり込むようになったきっかけは、祖父の何気ない一言だったと回想している。小学生の彼が、初めての釣りで10センチに満たない小鮒(こぶな)を数匹持ち帰った時、祖父は「ほう、これはたいした獲物だな」と感心してくれたという。思いがけないこの一言に彼はいたく感激し、それからは祖父の「ほう……」という決まり文句を聞きたい一心で釣りに熱中していった。

人はだれしも、他人からほめられたい、高い評価を得たい、理解されたいという欲求を持っている。だからこそ一生懸命努力もし、また努力することでいっそう欲求も高レベルになるものだ。

こうした心理は、子どもも大人も多分、同じであるに違いない。そんな時、先のエピソードのような幸運な一言が投げかけられれば、努力は十分に報われ、次のステップに向けて新しい意欲が湧いてくる。

しかし、これが逆に「小学生のおまえには、まあこんなものだろう」と言われたらどうだろう。果たして彼が、釣りに熱中できたかどうか疑わしい。

「こんなもの」という言葉には、どこか投げやりな響きが含まれている。と同時に、「おまえではいくら頑張ってもこの程度が限界だろう」という、暗に能力を見限ったニュアンスも感じられる。

会社でも、同様の口のきき方をする人間がいる。しかし、これは相手に冷水を浴びせかけ、人望の芽をみずから摘み取っているに等しい。

組織の中で人を生かすということは、能力の多少にかかわらず仕事に取り組む熱意に注目することから始まる。情熱を共有する人間を人は信頼するのだ。これはコミュニケーションを深める第一歩でもある。

「そんなものだろう」などという投げやりな言い方をする人間は、自分自身が会社に何らかの不満を持っていたり、ビジネスに対する熱意を失っている場合が少なくない。こういう一言を、周囲の人たちも決して見逃さず、冷ややかに聞いているのだ。

可能性を無視するな

○よかろう。次の仕事もこの調子で頑張ってくれたまえ
○これだけできれば、もう何も言うことはないよ

自分より有能な人材に
✕可愛げのないやつだ

自分より仕事のできる同僚は、羨（うらや）ましく妬（ねた）ましいものだ。この心理は、相手が自分より若手である場合はもっと屈折する。先輩や上司として、あなたは仕事のできる後輩・部下たちを大切にし、彼らを手助けしているはずだ。しかし潜在意識の中では、やはりその人材に反発する気持ちが大きいのである。しかも仕事のできる若手は、往々にして、仕事には忠誠を尽くすが、人間関係ではムダなことは一切しない。

たとえばミーティングで、あなたが責任者として提案をしても生返事をしたり、不満そうな態度を取る。あなたなりの決定事項を打ち出すと、さも当然とばかりの態度をとる。あるいは「どうだい、たまには帰りに飲まないか」と誘っても、「そうですねぇ」と迷惑そうな表情……。こういうことが続くと、自分がしていることがバカバカしく思われてしまう。彼は人に頼ったり、教えを乞うことなどしない。

こうしたクールな態度に接すると、無意識にあった反発心が頭をもたげ、「ヤツはちょっと仕事ができることを鼻にかけてオレを無視している」「ここまでになれたのは、誰のお陰だと思っているんだ」「可愛げのないヤツだ」とムラムラきてしまうのである。可愛げがないとは、可愛いくないということではなく、人との接触で謙虚さがない、素直な態度を示さない、知ったかぶりをする（知識を振りかざす）などの行動面を指す。

一般に、面倒見のいい人ほど、相手が成長したのは自分の手助けがあってこそという自負が強い。そして、相手もそのことをしっかり認識すべきだと思っている。極端に言えば、自分に感謝し尊敬を示して当然だと思っている。だから、自分のことをありがたがらない相手を「可愛げのない人間」と感じてしまうわけだ。

これは一種の所有欲といえる。しかしどのように考えようと、会社の人材はあなたの所有物ではない。もちろん、先輩・上司の指導や育成によって彼らの今日があるわけだが、本人の資質や努力も大きいのだ。それを認めてやる雅量がほしい。

ビジネスはもともとクールなものだ。どろどろした情念を表に出すべきではないのは言うまでもない。

忠誠心を基準にするな

○今度の仕事は君がチーフになってみんなを引っぱってくれ

○たまには君とじっくり話をしてみようと思ってね

「右腕」を育てる時

✕子どもの使いじゃないぞ

子どもに対する親の過保護が世間の話題になってから、かなり久しい。今では大学入試に親の姿があるのはすでに常識化し、会社の入社式や研修にまで付き添ってくるケースも珍しくない。現実にこういった状況を目の当たりにしてしまうと、新入社員を多少の色メガネで見るのも、ある程度はやむを得ないことであろう。

新人について私の耳に入る決まり文句は、「近ごろの若い連中はひ弱で困る。ちょっと厳しく注意するとすぐしぼんでしまう」というものだ。たしかに私の目から見ても、それは事実のようだ。入社3カ月のある若い社員が、得意先でちょっとしたミスを犯し、上司から「子どもの使いじゃないぞ」と一喝され、即日辞表を出して郷里に帰ってしまったというケースもある。だが、いかにも頼りなげに見える新人たちも、育て方しだいでは、立派に仕事をやってのける能力を持っている。

入社2、3年目になると、仕事の要領もかなり身についてくるが、まだまだ完全に一人歩きができるわけではない。どうしても周囲のフォローが必要となる。こうした際にまわりの人間に求められることは、若手のレベルまで自らが降りてくることだ。しかし、これは口で言うほど簡単なことではない。というのは若手の能力を、つい自分の経験に照らして考えがちだからだ。無意識のうちに、この仕事はここまで出来て初めて一人前という〝基準〟を設け、それに到達しない人間には不満を抱く。

しかし、ときには考えられないような、初歩的なミスをするのが若さであり、同時に成長している証拠でもあるのだ。将来、自分の右腕ともなる人間を育てるには、上司・先輩たちが失敗に対して寛容さを持ち、伸びるエネルギーをうまく成功へと導く工夫が要求される。そうした視点から仕事ぶりに注目するなら、つまらないミスの中にも、個性を発見することは可能だろう。

極端に言えば、自分がフォローできる範囲のミスなら、どんどんやらせてみるのが、若手を伸ばす早道ともなるのである。広い視野で自分の仕事を見てくれる雰囲気の中で働く若手は、失敗を恐れず伸びのびと育つものだ。

決めつけるな

○この程度のミスを気にしていたのでは大物になれんぞ

○ミスを気にせず得意先でどんどん笑われてこい

✕君はコレだけは一人前だな

現代の若年層の感覚は服装・化粧などの外面も大切と考える。いや、恰好を整える方が公私の生活で先決と思っている。だが、質実剛健をモットーとする上役ほど、仕事の成果をあげずに、服装や化粧にウツツを抜かしている部下を見ると、つい声を荒げて言うものだ。「カッコばかりよくてもしょうがないぞ」「おしゃれだけは一人前だな」と。

言われた方は、それで反省するかというと、さにあらずで、かえって上役はセンスがないとか、古い感覚のオヤジだとか見る。そしてますます〝カッコいい〟ことに反動的に精を出す。

さて、ある地方の商工会議所での話だが、理事の一人が事務の若い女子職員に、会員への案内文の原稿作成を言いつけた。出来あがった案内文を見た理事は、時候のあいさつはもちろん、〝てにをは〟もでたらめな文章にビックリしてしまった。しかし、せっかく書いた努力だけはほめてやろうと、よいところを探したら、字はきれいでていねいなのに気がついた。そこで、「君は字だけはきれいだね」とほめたのである。

ところが、それを聞いた女子職員は、サッと顔色を変え、何も言わずに部屋を出て行ってしまった。さすがに理事も、自分のうかつな言葉に気がついたが、すでにあとの祭りである。その後しばらくは、おはようと声をかけても返事がなかったそうである。

すでにお分かりのように、女子職員をいたく立腹させたのは、「だけ」という言葉だ。この「だけ」は、一つのことを強調することで、暗にその人間の能力をすべて批判する時に使われる。理事はもちろん、そうした意図はなかったのだが、これとよく似たケースは日常でもしばしば起こる。

たとえば、上司が部下の仕事ぶりに不満を抱き、何か言ってやらねばという時、いろいろ注意を与えた最後に、「君はマージャンだけは一人前だな」などとダメを押す形で言う。これを聞いて、「そうか、やっぱり僕はマージャンの才能があるのか」と喜ぶ部下は、まずいない。反応は、まったく逆だ。くだんの女子職員ほどではないにしても、無能を婉曲に言われたわけだから、かなりのショックを受けるだろう。

もちろん度が過ぎれば別だが、たとえマージャンでも他から抜きん出ているのなら、それも立派な才能なのだ。

何はともあれほめる

○趣味もいいが節度をわきまえてくれよ

謙遜する時

✕未熟者でして

日本の社会では、まだ〝謙遜は美徳〟という習慣が色濃く残っているようだ。たとえば、わが子が他人にほめられた時は、「いいえいいえ、わがままで困っています」と、謙遜してみせなければならないことになっている。お世辞を真に受けて、「はい、おっしゃられたように頭がいいのでホッとしています」などと言おうものなら、思い上がっている、自己顕示欲が強いなどと、非難を浴びることになる。

いわゆる社交辞令には社交辞令を返すのがタテマエというわけだ。しかし、こうしたコミュニケーションには、ほめられた当の本人に対する客観的評価が含まれていないところに問題がある。

だが、微妙な社交辞令を含んだ会話に慣れていない若い社員は、前後の話の流れも知らず、時には自分に対して言われた社交辞令を真に受けないとも限らない。「優秀な若手ですね」「いえ、未熟者です。出来が悪くて困りものですよ」などという社交辞令を聞いて、「自分は本当は無能で会社を困らせている」という思いを抱き、持っている能力や意欲が萎えることになりかねない。

他人から自社の社員をほめられた時は、ある意味では、主観的評価を客観化させる絶好のチャンスでもある。「そうですか、おほめにあずかって私も光栄です」と、相手の社交辞令を逆手にとれば、日ごろの自分の評価を客観的に当人に伝えることができる。謙遜の美徳は、そのあとで「まだまだ御社の皆さんからすれば劣っていまして。今後ともビシビシご指導を」などと付け加えればすむことだ。

私が言いたいのは、社交辞令の応酬が、意外に当の本人の心を傷つけ、知らずにダメ社員をつくっているという点だ。前に触れたように、ビジネスマンをダメにしたかったら、折あるごとに「おまえはダメだ」という暗示をかけることである。毎日、同じ暗示をかけていれば、よほど自信のある人間でも自分の能力に疑問を抱くようになり、期待（？）どおりのダメ社員になってくれる。それならそれでと、貼られたレッテルに安住し一種の居直りを身につける社員も現われる。謙遜も、当人の受けとめ方を考慮に入れておかないと、人を殺す刃になりかねないから注意が肝要である。

まず感謝し、謙譲はあとで

○おほめにあずかって光栄です。しかし、まだまだですからよろしくご指導をお願いします。

〔著者紹介〕

坂川 山輝夫（さかがわ・さきお）

1927年生まれ。国立電気通信大学・中央大学卒業。

エンジニア、営業マン、業界紙記者、国家公務員を経て、68年（株）現代コミュニケーションセンターを設立。数多くの企業・官公庁の研修を担当。聴衆を絶対眠らせないと定評がある。

著書に『部下の能力を引き出す上司の一言』（大和出版）、『部下を叱れる人叱れない人』（ブックマン社）、『巧みな「ノー」が言える本』（成美堂出版）、『講義・講演の話し方』（同文館出版）、『「いとこ会」やってますか？』『新入社員研修に成功する100のツボ』『頭をやわらかくする本』（以上、太陽出版）など、160冊がある。

［現住所］埼玉県さいたま市浦和区領家5-8-1

仕事の「言葉上手」になる99の秘訣

2015年2月20日　第1刷

〔著者〕
坂川 山輝夫

〔発行者〕
籠宮良治

〔発行所〕
太陽出版

東京都文京区本郷4-1-14　〒113-0033
TEL 03-3814-0471　FAX 03-3814-2366
http://www.taiyoshuppan.net/
E-mail info@taiyoshuppan.net

〔装幀・DTP〕宮島和幸（ケイエム・ファクトリー）
〔印刷〕シナノパブリッシングプレス
〔製本〕井上製本所

ISBN978-4-88469-834-8